BABYLON I BERLIN

Douglas Reed

BABYLON I BERLIN

Utdrag från Disgrace Abounding
ursprungligen publicerat 1939

Reconquista Press

Reconquista Press, 2017
www.reconquistapress.com
ISBN 978-0-9933993-1-2

FÖRORD

Douglas Reed var en av mellankrigstidens mest namnkunniga engelska journalister. Född i London 1895 i lägre medelklassmiljö slutade han skolan vid fjorton och betecknade sig själv som "relativt outbildad". Han gick den långa vägen till journalistiken. Efter första världskriget där han stred, först i armén, sedan i RAF (han överlevde två nedskjutningar) fick han anställning som kontorist på The Times. Efter flera år gavs han möjlighet att själv börja skriva och avancerade snart till utrikeskorrespondent i först Berlin 1927-1935, sedan ett par år i Wien. Som korrespondent i Tyskland och Centraleuropa för vad som vid tiden sannolikt var världens högst ansedda dagstidning kunde han betrakta den ödesdigra utvecklingen på kontinenten under denna tid från första parkett.

Han var en sällsynt klarsynt betraktare och en orädd journalist. Gradvis, men långsamt kom han till insikt om den organiserade judenhetens egentliga roll i upptakten till andra världskriget, denna katastrof som vare sig Europa eller resten av världen någonsin återhämtat sig från. När han skrev om denna redan då de facto tabubelagda problematik började hans artiklar refuseras av redaktionen i London, vilket var en stark anledning till att han vid krigets början slutade på tidningen. Han berörde saken lite grann redan i sin till stor del självbiografiska Insanity Fair, som översattes till flera språk, bland annat svenska, men skulle återkomma till det på allvar i nästa bok, Disgrace Abounding, utgiven precis före krigsutbrottet. Det är några utdrag ur den som nu ges ut på svenska i den här volymen.

Stämplad som "antisemit", *persona non grata* i den brittiska offentligheten efter kriget, flyttade Reed till Sydafrika. Som så många andra före och efter honom kunde han dock inte blunda efter att fjällen väl fallit från hans ögon och han skulle fortsätta skriva om judisk makt och inflytande i flera böcker under resten av sitt liv (han skrev dock även om mycket annat). Hans mästerverk, The Controversy of Zion, var färdig 1955, men gavs inte ut förrän efter hans död 1977. Varför är inte helt klart, då han fortsatte publicera sig i andra kontroversiella frågor fram till sin död, inte minst västvärldens skamliga svek av de vita befolkningarna i södra Afrika.

Men för att återgå till mellankrigstiden – vår författare var alltså korrespondent i Berlin under många år, han var sedan länge installerad och på plats under nationalsocialisternas maktövertagande 1933. Det som inte nog kan understrykas i sammanhanget är att han avskydde Hitler, avskydde NSDAP. I många fall är han faktiskt orättvis mot det nationalsocialistiska projektet i sina omdömen. Hursomhelst kan hans kritiska analys av judarnas beteende och egentliga roll i upptakten till kriget på inget vis tillskrivas några sympatier för nazismen, för vilken han tvärtom kände djup motvilja.

Han var när detta skrevs, faktiskt ännu rätt konventionell. Han missförstod till exempel helt vad spanska inbördeskriget gick ut på och ger gång på gång i sina tidiga böcker uttryck för sin sympati för den röda sidan. Typisk för brittiska författare och journalister vid den här tiden var också hans inledningsvis rätt välvilliga inställning till Sovjetunionen. Han blir kanske lite besviken vid sitt första besök i arbetarnas paradis, som skildras rätt utförligt i Insanity Fair, men tänker fortfarande att revolutionen hade uppstått spontant till följd av det "fruktansvärda tyranni" (tsardömet) som föregick den. En väldigt felaktig föreställning som han skulle komma att i grunden revidera de följande tio-femton åren.

Reed skriver flyhänt, stilistiskt skickligt och, inte minst, är han, som sagt, en skarpsynt betraktare, dessutom orädd och ärlig; sällsynta egenskaper hos journalister då som nu. Det här är emellertid inte blott ett intressant tidsdokument för historiskt intresserade; Reeds iaktagelser av judisk makt, kollektivt beteende, organisation och strategi är högst relevanta 2017.

Den judiska arrogans, aggressivitet och hänsynslösa etnocentrism Reed noterade i mellankrigstidens Tyskland och Centraleuropa är väsentligen densamma nu som då, bara starkare. Makten över media var stor då, men skulle under efterkrigstiden bli i det närmaste total, fast redan då tvingades Reed konstatera hur proportionslöst upptagen den anglosaxiska mediabevakningen var av just judar och judiska angelägenheter. Därvidlag har ingenting förändrats annat än till det sämre. Han konstaterar också hur internationellt organiserade judiska intressen systematiskt arbetar på att få andra nationer att utkämpa deras krig åt dem, ett mönster som är genomgående i historien; faktiskt en förutsättning för att förstå bakgrunden till både första och andra världskriget, vars enda vinnare egentligen var sionismen. Det helt meningslösa första världskriget resulterade i att Storbritannien ockuperade Palestina för att bereda väg för "ett judiskt folkhem", som det formuleras i Balfour-deklarationen. Den enda vinnaren av andra världskriget var samma sionister som snart efter krigsslutet, när större delen av Europa låg i ruiner, kunde gå steget längre, fördriva palestinierna, peka finger åt omvärlden och låta utropa staten Israel; den internationella judenhetens koloni. Något Reed skulle återkomma till på djupet i The Controversy of Zion.

Genom att låta blodigt oskadliggöra Israels upplevda fiender i den judiska statens närområde fortsätter de zombifierade västmakterna att gå dess ärenden – Irak, Libyen, Syrien... den skamliga listan lär bli längre om vi inte någon gång kan slita av oss skygglapparna och tala öppet om vad som egentligen pågår.

Som Douglas Reed.

Jonas De Geer

* Samtliga fotnoter i det följande är redaktörens.

HUR KUNDE GUD...?[1]

När jag var i London våren 1938, begav jag mig en dag till Whitehall för att träffa en högt uppsatt ämbetsman. Då jag anlände en halvtimme för tidigt gick jag in på ett kafé och beställde en kopp av den våta, bruna, varma vätska som kallas kaffe, vilket är det enda man kan göra i London när man råkar vara en halvtimme för tidigt ute. Då hörde jag någon ropa "Reed" och vände mig om. I ett hörn satt en bekant till mig, som vi här kommer att kalla Blumenlevy. Han var lika tjock som vanligt.

Jag hade lärt känna honom i Berlin några år innan Hitler kom till makten. Då var han en välbeställd och betydelsefull person. Ingen, allra minst han själv, verkade komma ihåg att han inte var tysk. Han var en del av Berlin och det såg ut som om han skulle sluta sina dagar där. Men så kom Hitler och Blumenlevy flyttade till Wien och plötsligt var han

---

[1] "How odd of God to choose the Jews" (William Norman Ewer).

infödd österrikare och en stor österrikisk patriot och helt för att försvara Österrikes självständighet till sista droppen av allas blod utom hans eget. Han beundrade Mussolini eftersom denne när Dollfuss mördades hade mobiliserat trupper vid Brenner och förklarat att han inte skulle tolerera att Tyskland våldförde sig på Österrike. Visst var Mussolini en diktator, men vid den här tidpunkten inte en antisemitisk sådan. "Varför envisas ni engelsmän med att bråka med denne store man?" hade Blumenlevy frågat mig. "Det är vansinne."

Men sedan blev Mussolini Hitlers vän och helt plötsligt var Blumenlevy hängiven österrikisk monarkist. Han förordade att den unge kronprinsen Otto omedelbart borde hämtas tillbaka till Wien, eftersom detta var det enda sättet på vilket österrikiska patrioter kunde räkna med att Österrike skulle förbli självständigt.

Några dagar innan Hitler marscherade in i Österrike och telegraferade Rom "Mussolini, jag ska aldrig glömma vad du har gjort för mig idag", stötte jag ihop med Blumenlevy på ett kafé. Han hade nyss träffat en österrikisk monarkist i ledande ställning, här kallad "A", och uppmanat denne att låta beväpna monarkisterna, men inte fått gehör för sina förslag. Enligt Blumenlevy berodde detta på att A var en ynkrygg som inte var situationen vuxen. "Jag hade gjort det", sade Blumenlevy. *"Ich bin ein Draufgänger* – en riktig gåpåare."

Jag tittade på honom. Han var fet, andfådd och gammal. "Säkert", tänkte jag.

Nu var det slut med Österrike och här var han i London. Han stod redan och väntade på att träffa någon högt uppsatt person, var redan halvvägs att bli engelsk medborgare, naturaliseringspapperen hägrade och snart skulle han börja propagera för att England borde gå i krig med Tyskland. Vi kommer förmodligen att behöva göra det i alla fall, men när jag betraktade Blumenlevy tänkte jag att judarna, om de vill ha krig med Tyskland, borde ta värvning själva istället för att hetsa andra att slåss.

Det var ett porträtt, tecknat utan illvilja. Se på det här.

När septemberkrisen var som hetast talade jag med en ung judisk journalist på ett tidningskontor i Budapest. "Jag är för krig, det här är det rätta tillfället att stoppa Tyskland", sade han högt. "Och vad hade du tänkt göra i kriget", frågade jag. "Jag tänker se till att överleva det", svarade han nonchalant. "Varför propsar du på att få ett krig, om du inte tänker delta i det", frågade jag. "Vad kan jag göra? Jag är ungersk medborgare, det skulle innebära att jag slogs på Tysklands sida", sade han. "Varför reser du inte till Spanien och slåss på den republikanska sidan, eller till Tjeckoslovakien och hjälper tjeckerna", svarade jag. "Det skulle vara svårt", sade han och skruvade på sig. Han tänkte sig också ett krig mellan icke-judar i syfte att utplåna antisemitismen.

Betrakta det här porträttet.

En dag när jag satt på ett kafé i Prag den händelserika och skräckfyllda sommaren 1938, kom en judinna som jag hade lärt känna i Wien in. Hon hade alltid betonat att hon var österrikisk patriot och att hon älskade Wien. Hon brukade också berätta, igen och igen, att hennes far hade varit officer i den kejserliga österrikiska armén och att hon längtade efter att kejsaren skulle återinsättas på tronen.

Hon satte sig ned bredvid mig. "Saknar du Österrike", frågade hon. "Ja, det gör jag. Och jag kommer aldrig att sluta göra det", svarade jag. "Det gör inte jag", sade hon muntert, "inte ett dugg. Jag hatar Österrike. Jag har inga känslor alls för det landet längre. Jag känner mig som född på nytt, nu när jag har lämnat det."

Jag betraktade henne. Jag kunde förstå hur hon kände. Men samtidigt visste jag att om jag – som var icke-judisk engelsman – istället hade varit en icke-judisk österrikare, och av det ena eller andra skälet hade tvingats lämna mitt land när Hitler kom, skulle jag aldrig ha slutat älska och sakna Österrike.

Det fanns en djup, outplånlig, evig skillnad mellan oss.

Detta var tre porträtt ur 1938 års galleri. Jag skulle kunna visa er hundra till.

Jag hör till dem som menar att lojalitet är en dygd. Jag har inte glömt de judar som jag tjänstgjorde tillsammans med i den brittiska armén under kriget. De hade bott i England sedan lång tid tillbaka och var bra folk. Men de stora mängder nya judiska invandrare som nu kommer till England är livsfarliga för oss.

Jag avskyr nationalsocialismen och fruktar det nationalsocialistiska Tyskland. Likväl kommer jag nu att fälla några hårda omdömen om judarna. Jag har iakttagit och studerat dem i flera år nu, över hela Europa, och vet vad jag talar om.

I England hävdar många att de överhuvudtaget inte kan förstå de europeiska rörelser som strävar efter att begränsa det judiska inflytandet. Den attityden är en bekväm tillflyktsort för det slags personer som, samtidigt som de vill framstå som humana, blundar för allt som är fel och borde ändras. Hur skulle kritiker utomlands kunna ha rätt när de kallar oss engelsmän svekfulla, arroganta, klassfixerade eller inhumana, när vi är så storsinta och toleranta mot judarna? Vi känner oss generösa när vi upprörs över hur judar behandlas. Vi bryr oss inte ett dugg om spanska kvinnor och barn som sprängs i småbitar av tyska eller italienska bomber. Men när judar behandlas illa såras vår brittiska känsla för rent spel.

För oss finns det inget judiskt problem, hävdar sådana personer. För dem – som inte berörs av det judiska problemet och vill att allt ska förbli som det är – finns det inte heller något slumproblem. Någonstans, menar de, finns det slumområden som man ibland, generöst nog, kan känna sig en smula upprörd över, men något slumproblem har vi inte. Har vi problem med övergivna stadsdelar? Nej, det har vi inte, vi har övergivna stadsdelar. Finns det ett tyskt problem? Nej, det finns bara Tyskland.

Det finns ett judiskt problem. Precis som med slumproblemet och det tyska problemet kommer ni att blunda för det tills det uppslukar er.

Jag nämnde judar i förbifarten här och där i Insanity Fair.[2] Eftersom många läsare inte förstod,

---

[2] Insanity Fair är en reportagebok av Douglas Reed som kom ut 1938, året innan Disgrace Abounding. Boken blev en stor succé och översattes till flera språk. I en passage i Insanity Fair beskriver Reed hur han under ett besök i

eller inte ville godta, vad jag då sade, ska jag vara fullständigt tydlig den här gången.

I en brittisk tidning, och i två amerikanska, anklagades jag för att vara antisemit. Om man överhuvudtaget tar upp den här frågan skrias det omedelbart högt om "antisemitism", ofta från människor som inte bryr sig särskilt mycket om det hela, men som tycker om att använda sådana fraser eftersom

---

Moskva, dit han 1934 åtföljde en brittisk delegation ledd av ministern Anthony Eden, förvånas över den stora judiska dominansen inom censurdepartementet:
"Innan jag hade varit där i fem minuter började sovjetmyndigheterna bråka med mig om en fullständig bagatell. Jag hade skrivit att Eden passerade gator kantade med 'dystra och tysta folkmassor' eller något sådant, och genast kom en liten judisk censor och sade att dessa ord måste bort. Jag frågade om han ville att jag skulle skriva att gatorna var fulla av borgare i höga hattar, men han var oveklig. På den intellektuella nivån befinner sig censorer. Censurdepartementet, det vill säga hela maskineriet för att kontrollera den inhemska och tysta den utländska pressen, bestod helt och hållet av judar, vilket förvånade mig mer än något annat i Moskva. Det verkade inte finnas en enda icke-judisk tjänsteman på hela stället och det var precis samma slags judar som man träffar på i New York, Berlin, Wien och Prag – välmanikyrerade, välgödda, moderiktigt klädda. Jag hade fått höra att det bara fanns en liten andel judar i statsförvaltningen, men i det departement som jag kom i närmare beröring med tycktes de ha monopol. Var fanns ryssarna? Troligen i de dystra och tysta folkmassor som jag hade sett men inte fick berätta om."

engelsmän alltid spelar cricket, vet du inte det, och för tusan, spela spelet, herr'n.[3]

Jag fick ett brev från en läsare i Palestina, som skrev: "Du har skrivit en bra bok, bortsett från din uppseendeväckande okunniga och kallsinniga inställning till judarna." Jag var inte övertygad om att han hade rätt, eftersom många läsare sade liknande saker om Insanity Fair. Kommunisterna tyckte boken var bra, bortsett från biten om Sovjetunionen, fascisterna gillade boken utom de delar som handlade om Tyskland och Italien, och den "gamla skolslipsbrigaden" ansåg att boken kunde ha varit bra om det inte hade varit för anspelningarna på det engelska internatskolesystemet, vilka, som en litteraturkritiker i en tidskrift vars huvudsyfte är att sälja damunderkläder skrev, tydde på "beklagliga vänstertendenser". Det nära sambandet mellan att tillverka och sälja korsetter och mörkblå, slåss-till-sista-man, rak-i-ryggen-upp-med-hakan, ned-med-rödingarna, hissa-den-gamla-goda-flaggan-punsch-patriotism är något jag ska undersöka en vacker dag.

Jag fick två brev som fick mig att tänka efter, länge och väl, och att noggrant granska mina egna känslor och åsikter om judarna, för att säkerställa att de inte berodde på okunskap eller fördomar. Efter en

---

[3] Slutet på meningen är svåröversatt. Reed skriver: *"...because Englishmen always play cricket, don't you know, and hang it, play the game, sir"*. Andemeningen torde vara att vissa engelsmän strör anklagelser om antisemitism omkring sig därför att de har fått för sig att det inte riktigt är *fair play* att kritisera judar.

lång självrannsakan var jag nöjd. Jag bestämde mig för att ta dessa två brev till utgångspunkt nästa gång jag skrev om judarna.

Det första brevet kom från en ung amerikansk jude, som skrev till mig därför att han ville veta mer. Han hade läst Insanity Fair två gånger med stort intresse, skrev han. Boken hade väckt många frågor om judarna hos honom, frågor som han inte själv kunde finna svaret på, varför han nu, rörande nog, vände sig till mig i hopp om att få svar. Vad ansåg jag, ärligt talat, om judarna? Det verkade som om jag trodde att deras lidanden till viss del var självförvållade. Var det så? Själv menade han att judarna bara knuffades än hit och än dit. För egen del hade han förlorat all känsla av judisk samhörighet.

Det är vad jag tror. Men jag tror inte att det finns en enda jude, någonstans, som har förlorat all känsla av judisk samhörighet. Många önskar att de kunde det, men ingen gör det.

Det andra brevet kom från en judinna i Sydafrika. Hon var djupt bekymrad över händelserna som skildrades i Insanity Fair. In i det sista, skrev hon, hade hon trott att England hade ett ess i rockärmen, men nu "låg Englands förut så starka arm förtvinad under Flanderns vallmobeklädda fält". Men boken hade emellertid givit henne tröst i den förtvivlan som så många känner i dessa tider: den var, sade hon i en explosion av superlativer, magnifik, modig och fruktansvärd. Sedan frågade hon: "Du skriver ofta om dina judiska 'bekanta'. Har du aldrig haft en judisk vän? Vilka känslor hyser du för judarna? Tycker du synd om dem?"

Intressanta meningar, som på mig hade samma verkan som en stickreplik som låter skådespelaren veta att det har blivit dags för honom att ta till orda.

Ordet "bekanta" var valt med omsorg. Jag har aldrig haft en judisk vän. Jag kommer aldrig att ha det. Jag hade kunnat ha det om judar var judar, medborgare i en judisk stat, och öppet tillstod att de var främlingar i andra länder, istället för att utge sig för att vara tyskar, engelsmän, ungrare, österrikare eller polacker.

Jag har vässat min tunga i konversation med judar och beundrar deras slagfärdighet. Om det fanns en judisk stat skulle jag önska att den var allierad med England, då jag tror att judarna skulle slåss som lejon för sin egen sak. Jag vet att många judar deltog i kriget i de tyska, franska och brittiska arméerna och att dessa judar ville att deras sida skulle vinna. Men jag vet också att de hade mindre att frukta om den sida de slogs på förlorade, att de frodas i kaos och nederlag. Jag har sett det i Tyskland och Österrike och Ungern.

Jag tror inte på påhittet att judar är tyskar, fransmän eller engelsmän, eftersom jag vet att de i alla länder bildar tätt sammansvetsade kolonier som framförallt arbetar för den judiska saken. Gå längs Oxford Street eller Regent Street en lördagkväll, betrakta dessa tusentals hattlösa unga män som hand i hand med omsorgsfullt klädda unga kvinnor kommer från de östra stadsdelarna för att besöka biopalatsen och glassbarerna runt Piccadilly och Marble Arch. Tror du att de är engelsmän? Tror de själva det?

Kommer de att hjälpa oss att återuppbygga ett rejält och stabilt England med hantverkare, bönder och sjömän? Står de inte snarare för billiga och smaklösa klänningar, och dess konsekvenser i form av hänsynslöst utnyttjande av arbetskraft (den som orkar rekommenderas ett besök hos de arbetare i East End som syr klänningarna ifråga), för prålig biopalats, för era förbannade Glamour Girls, för vulgära oäkta smycken och för restauranger i falsk marmor med fish-and-chips-skyltar?

Men vidare till den andra frågan. Jag kan besvara den snabbare än en godisautomat spottar ur sig ett tuggummi. Jag vet svaret.

"Vilka känslor hyser du för judarna? Tycker du synd om dem?"

Svaret är: "Vilka känslor hyser du för icke-judar?"

Det för oss omedelbart till problemets rot. Hatet mot icke-judar kom före antisemitismen. De senaste åren har det talats mycket om Hitlers antisemitiska Nürnberglagar. Dessa lagar förbjuder blandäktenskap, som tyskarna anser förstör deras ras.

En mycket intelligent, kultiverad och fördomsfri jude i Budapest sade en gång följande till mig: "När allt kommer omkring är Nürnberglagarna bara tyskarnas motsvarighet till våra judiska lagar, som förbjuder äktenskap med icke-judar."

Rasmotsättningarna började inte hos icke-judarna, utan hos judarna. Det är grunden för deras religion. Denna rasgalenskap som ni finner så osmaklig hos tyskarna, har judarna varit besatta av i tusentals år. När de blir mäktiga omsätter de den i praktiken; de konsoliderar sina positioner i bransch efter bransch, på det ena yrkesområdet efter det andra börjar de tränga ut icke-judarna. Därför fanns det i Berlin, Wien, Budapest, Prag och Bukarest tidningar utan en enda icke-jude i redaktionen, teatrar som ägdes och drevs av judar som producerade pjäser författade av judar med judiska skådespelare som lovordades av judiska kritiker i judiska tidningar, hela gator utan så mycket som en butik ägd av en icke-jude och hela branscher inom detaljhandeln som monopoliserades av judar.

Judar medger att det förhåller sig på det här viset, om du känner dem och sakfrågorna tillräckligt väl för att de ska tala öppenhjärtigt med dig. De kan inte förneka det.

I begynnelsen fanns den judiska motviljan mot icke-judar. Det är denna motvilja, och inte icke-judarnas uselhet, som hindrar judarna från att assimileras. Den hindrar dem från att någonsin bli tyskar, polacker eller italienare. Den svetsar judarna samman till främmande enklaver i nationer som de inte är en del av, enklaver som är fientligt inställda mot icke-judar.

Men det är ju deras religion? För all del, men detta är likväl skälet till att judarna inte kan assimileras.

Det stora inflytande judarna uppnådde i de besegrade länderna använde de inte till att befrämja och påskynda sin assimilering. De använde det till att öka judarnas makt och rikedom och deras intensiva samarbete under den perioden för att tränga ut icke-judar från olika yrken och näringsgrenar var det yttre, synliga tecknet på att de fortfarande var fientligt inställda mot icke-judar. De rasliga murar som tidigare stängt judarna inte revs ned och alla vägar stod öppna för dem; men rasmurarna inom dem kvarstod orubbade. De missbrukade den frihet de vunnit, ett missbruk som bland annat tog sig uttryck i det avskyvärda utnyttjande av billig arbetskraft och unga icke-judiska kvinnor[4] som var ett så motbjudande inslag i Berlin och Wien, och som man i skrivande stund fortfarande kan iaktta i Budapest och Prag.

Det här är allvarliga saker som det är nödvändigt att förstå.

Vetskapen om att klyftan mellan judar och icke-judar av allt att döma inte kan överbryggas, leder till att många judar försöker dölja att de är judar genom att byta namn och försöka överträffa sina icke-judiska landsmän i högljudd patriotism. Ett fåtal gifter sig med icke-judar och gör sig därmed till avfällingar i de flesta judars ögon, därför att de gift sig utanför sin religion. Ytterligare några få låter döpa sig, men förblir likväl judar.

---

[4] Anmärkningen om utnyttjandet av unga icke-judiska kvinnor syftar på den så kallade "vita slavhandeln", som var ett stort problem i många europeiska städer under 1800- och början av 1900-talet. Kvinnor lockades utomlands, ofta under förespegling om att erhålla en fullt respektabel anställning, bara för att därefter tvingas till prostitution under slavliknande förhållanden. Judarna var kända för sin överrepresentation inom denna motbjudande verksamhet. Den dansk-polske professorn vid Köpenhamns universitet, Stanislaw Rozniecki, beskriver i sin bok Det judiska problemet (Stockholm: Chelius & Co. 1921) ocker och vit slavhandel som "judiska skötesynder".

I tre centraleuropeiska huvudstäder som jag känner väl har döpandet av judar antagit närmast industriella proportioner efter att Tyskland annekterade Österrike. Att låta döpa sig är för judarna en kall beräkning, ett sätt att ta sig in i länder som inte tillåter judisk invandring, ett sätt att rida ut den antisemitiska stormen under några år. Judar emellan skämtas det om detta. De av mina judiska bekanta som är uppriktiga mot mig, eftersom de vet att jag har genomskådat bluffen, skämtar om det med mig också. En jude berättade för mig att en av hans bekanta till sin irritation hade upptäckt att det krävdes en tids undervisning i den tro han skulle anta innan han fick den dopattest han eftertraktade. Denne jude hade avbrutit prästen, som höll på att förklara Jungfru Marias obefläckade avlelse, med orden: *"Schaun S', ich glaube Ihnen sämtliche Sachen"* (Hör nu, jag tror på precis alltihop). Detta ansågs väldigt roligt och skrattsalvor bröt ut runt bordet. I en av de tre huvudstäder jag talar om döptes sommaren 1938 flera hundra judar och upptogs som kristna i den engelska kyrkan. Genom ett knep lyckades de få sina dopattester antedaterade så att det inte skulle vara alltför uppenbart varför de hade valt att konvertera. Konvertiten återvänder för det mesta till den judiska religionen när antisemitismen har lagt sig.

Dessa döpta judar, som inte tror på kristendomen överhuvudtaget, ansluter sig till de samfund av "icke-ariska kristna" som era kyrkoledare hela tiden ömmar för.

Det har också växt fram en industri kring judarnas elände, nämligen att köpa och sälja äktenskap. Alla läskunniga engelsmän har sett rapporter om fall där utländska judinnor har betalat medborgare i andra länder för att ingå äktenskap med dem, så att de kan förvärva en annan nationalitet och kringgå invandringslagstiftning och restriktioner avseende näringsverksamhet. Det mest eftertraktade av alla pass – passet är det viktiga, inte nationaliteten eller maken – är det brittiska. En jude i Prag sade följande till mig: "Vilken ung engelsman som helst skulle kunna tjäna en miljon kronor på att gifta sig med en judinna härifrån." "Han behöver inte vara ung", anmärkte hans bordsgranne, varefter gapskratt utbröt.

En tidning i Prag vars specialitet är annonser för bordeller, tjänar i skrivande stund stora pengar på att publicera annonser där judar som har sina papper i ordning och ska utvandra, erbjuder sig att gifta sig och ta sin hustru med på resan, förutsatt att hennes hemgift är tillräckligt stor. Där annonserar också judinnor som erbjuder stora belopp för att få gifta sig med en utländsk man eller med en landsman som har bokat resa för att utvandra. Man hittar även annonser från utlänningar som, för ett högt pris, erbjuder sig att gifta sig med judinnor och förse dem med de fördelar en annan nationalitet medför. Här följer några exempel på annonser ur aktuella nummer av tidningen: "Amerikan är beredd att gifta sig med judinna", "Min bror, som ska utvandra till Sydamerika, söker judisk hustru under 24, hemgift ett krav", "Respektabel jugoslav erbjuder resonemangsäktenskap", "Väletablerad engelsman beredd att, på papperet, gifta sig med judinna".

Ingen jude misstar sig någonsin på vem han har att göra med. Han vet direkt om den andre är jude eller icke-jude; det är den första fråga han ställer sig.

Hur många icke-judar vet när de har med judar att göra? Hur ofta hör man inte saker som: "Är han verkligen jude? Det hade jag aldrig trott. Han ser inte ut som en jude."

Judar uppfostras till att betrakta icke-judar som dummare folk som det står judar fritt att utnyttja för att tjäna pengar och få andra fördelar.

Det är en i grund och botten fientlig inställning, som är desto farligare därför att de flesta icke-judar är omedvetna om den. Judarna strävar på alla möjliga sätt efter att bibehålla icke-judarnas okunskap. I umgänget med icke-judar uppträder juden som en hygglig prick som ser dig som sin landsman och vill alla gott. Men några sådana känslor finns inte i hans hjärta. Inte heller i hans ögon, om du ser efter där. För honom är du en motståndare, en potentiell fiende som han måste överlista. Det hela grundar sig på hans religion. Om båda sidor inser vad som är på gång är allt i sin ordning. Men det omöjliggör assimilering.

Det finns två judiska tankeströmningar som står i våldsam motsats till varandra. Den ena är för assimilering, vill bortse från den oöverbryggeliga klyfta som den judiska religionen skapar, vill leva mitt bland kristna och andra icke-judar och anamma deras levnadssätt och egenskaper.

Om du har ett ungt och robust folk och begränsar antalet judar rejält, fungerar det någorlunda bra – som till exempel i Serbien. Serberna var för virila för att judarna skulle uppnå oproportionerligt stort inflytande bland dem – och det fanns inte många judar där. Men så fort en ny omgång judar anländer, på grund av krig eller antisemitism någon annanstans, uppstår problem.

Den andra judiska tankeströmningen är för att acceptera sanningen, att judar är judar och inte går att assimilera, och vill inrätta en judisk nationalstat någonstans som alla judar bör bli medborgare i.

Det är enligt min åsikt lösningen på problemet och bör till varje pris genomföras. Då skulle medborgare i andra länder veta vem de hade att göra med och vad de kunde förvänta sig av denne medborgare i en främmande stat. Det skulle sätta stopp för juden som ständigt rör sig över nationsgränser, byter språk, nationalitet och sin påstådda lojalitet gång på gång, är tysk idag, österrikare imorgon, ungrare dagen därpå och nästa vecka en engelsman, som kräver en privilegierad ställning i världen som inget annat folk eller anhängare av någon annan religion kan göra anspråk på, som samtidigt som han utger sig för att älska det land i vilket han för tillfället råkar befinna sig arbetar som ett bi för att dra in det i krig mot den antisemitiska stat som han nyss har lämnat.

Här ser vi återigen föreställningen om *der dummer Christ*, den korkade icke-juden som kan hetsas till att slåss mot andra icke-judar i syfte att utrota antisemitismen. Den organiserade internationella judenheten borde, om inte annat av rena anständighetsskäl, sätta stopp för detta. Protestera och slåss mot antisemitism så mycket ni vill, men förvänta er inte att andra folk ska bekriga varandra för den sakens skull.

Jag tillbringade många år i Tyskland, såväl före som efter att Hitler kom till makten, och hade då tillfälle att studera judarna där när de befann sig på höjden av sin makt. De var fortfarande nästan helt utestängda från armén, men i övrigt var alla karriärvägar i Tyskland öppna för dem. Den period av allt större frihet och möjligheter som hade inletts på 1800-talet hade nått sin gyllene höjdpunkt. Alla dörrar stod öppna.

Hur använde judarna denna frihet? Till att arbeta för Tyskland? Av mina egna iakttagelser att döma gjorde de inte det. Ingen motarbetade dem, men det utnyttjade de till att öka och befästa sin egen makt och rikedom på ett sätt som var till skada för den icke-judiska befolkningen.

Judar är inte intelligentare än icke-judar om du med intelligens menar yrkesskicklighet. De utnyttjar hänsynslöst solidariteten judar emellan till att först få in en fot i en viss bransch eller ett yrke, för att därefter tränga ut icke-judarna därifrån. Jag ska börja med ett exempel från journalistikens område, eftersom jag känner det väl.

Judar är inte bättre journalister än icke-judar. Anledningen till att alla befattningar på tidningarna i Berlin innehades av judar var att tidningsägarna och redaktörerna var judar. De åsikter som kom till uttryck i dessa tidningar citerades utomlands för att illustrera den rådande opinionen i Tyskland. Men de återspeglade endast judiska intressen i sin hållning i både inrikes- och utrikesangelägenheter. Om ett annat land var judevänligt, var de positivt inställda till det landet; om det var anti-judiskt angrep de det.

Jag minns ett fall där en borgmästare i Berlin ertappades med att ta mutor från en judisk entreprenör. Hans fru hade fått en dyr päls av *Nerz*, som jag tror betyder mink. Skandalen var ett faktum. Pojkar på gatan parodierade en populär sång som i originalutförande gick så här: *"Wenn du einmal dein Herz verschenkst, dann schenk' es mir."* De sjöng: *"Wenn du einmal einen Nerz verschenkst, dann schenk' ihn mir."* Jag minns hur de judiska tidningarna försökte tysta ned skandalen och dra uppmärksamheten från det faktum att det var en judisk entreprenadfirma som var inblandad. I både Berlin och Wien lade jag märke till att de judiska tidningarna agerade på samma sätt i en ändlös rad av finansiella skandaler och brottmålsrättegångar där judar var inblandade.

På den tiden upplät judiska tidningar i Berlin (det fanns exakta motsvarigheter i Wien, Budapest och Prag) dagligen utrymme åt skamlösa och iögonenfallande annonser för bordeller, med angivande av adresser och telefonnummer. I Berlin och Wien har man nu satt stopp för detta. Jag vet inte om man har gjort samma sak i Budapest. I Prag fortsätter i skrivande stund en av dessa tidningar som vanligt. Jag har dagens nummer framför mig. Där finns ett dussin annonser av följande slag:

Charmig ung fransyska önskar hyra ut ett vackert möblerat rum till en välbärgad herre på besök i Prag.

Attraktiv ung dam hyr ut bekvämt möblerade rum.

Kroppskultur. En sträng ung dam undervisar i den nya kryp-gymnastiken.

Och så vidare, hela vägen från A till Ö på koppleriets kodspråk.

Vad är det för journalistik? Är det ett tecken på överlägsen intelligens? Det säger sig självt att det finns pengar att tjäna på att publicera annonser som andra tidningar vägrar att ta in, men är man en skickligare publicist eller en bättre journalist om man gör det? Eller har man bara ett rymligare samvete?

I Wien 1937 kunde man i en av dessa tidningar till och med ta del av en annons där någon ville köpa en oskuld. Priset som erbjöds var en semester vid havet. Annonsen löd så här:

> *Ung man önskar bli en attraktiv flickas allra första vän* [Freund, vilket i sammanhanget betyder älskare] *under en gemensam semester i Italien. Alla utgifter betalas av honom. Tre veckor i paradiset! Därefter, intim vänskap.*

De enda reaktioner som annonsen gav upphov till var en mild tillrättavisning i katolska Reichspost som skrev att "det här är faktiskt att gå lite för långt".

I Berlin antingen ägdes eller arrenderades merparten av teatrarna av judar, de flesta ledande skådespelarna inom film och teater var judar, pjäserna författades ofta av tyska, österrikiska eller ungerska judar, sattes upp av judiska producenter och lovordades av judiska kritiker i judiska tidningar.

Kunde denna judiska dominans förklaras genom överlägsen talang? Nej, inte enligt min mening. Fenomenet berodde på *Protektion*, ett ord som öppnar varje judisk dörr mellan Hamburg och Constanta.

Systemet ser ut så här. En jude träffar på en annan jude. Den ene gör den andre en liten tjänst, eller vice versa. För det mesta är det frågan om något som strängt talat inte är helt i enlighet med regelverket. På så vis konstrueras en enorm överbyggnad av *Protektion*, ett nätverk av sammanflätade bekantskaper och rekommendationer, som sträcker sig över landsgränser och omfattar judar över hela världen.

Tror du att det är överlägsen talang som gör det möjligt för en judisk skådespelare eller aktris att smidigt gå från huvudroller i Berlin till huvudroller i Wien när Hitler dyker upp, för att sedan gå från huvudroller i Wien, när Hitler dyker upp där, till huvudroller i London? Tror du att icke-judiska begåvningar skulle tas emot med öppna armar på det viset av film- teater- och operaproducenter i London, Paris och New York? Tror du att det är en naturens nyck som gör att det behövs judar från Polen, Ryssland, Galicien och Centraleuropa för att göra film av Englands historia, och porträttera berömda engelska historiska gestalter, en brittisk officer, eller en prins av huset Tudor? Tror du inte att det finns engelsmän som kan ta de rollerna?

Somliga av dessa fall är helt enkelt häpnadsväckande. En judisk flykting har ett stort övertag jämfört med en icke-jude i samma situation. Den icke-judiske flyktingen måste börja om från ruta ett i en värld där han helt saknar vänner och där sannolikheten för att han ens ska lyckas ta sig över gränsen är oändligt mycket sämre än judens, eftersom han inte åtnjuter *Protektion* utanför sitt eget land.

I Berlin fanns det en gång en judisk journalist som arbetade på en sådan där bitsk, sensationssökande skvallerblaska. När Hitler kom till makten flyttade han till Wien och började arbeta för en liknande tidning där. Efter Hitlers intåg i Österrike flyttade han till Prag. Därefter annekterade Hitler Sudettyskland.

Denne man kunde inte på något vis betecknas som tysk, österrikare eller tjeck. Han var jude, född på någon plats i Ryssland som numera tillhör Polen eller Litauen eller Estland, eller Gud vet vilket land. Men i Berlin gjorde han sig till uttolkare av den "tyska" synen på saker och ting, i Wien den "österrikiska" och i Prag den "tjeckoslovakiska".

Nu såg jag honom dagligen i lobbyn på olika hotell, där han satt och konfererade med välmenande men okunniga engelsmän som hade kommit dit för att "hjälpa tjeckerna". Han serverade dem en hjärtslitande historia och hotade att ta livet av sig. Men han var inte någon nödställd flykting, utan tvärtom en hal typ som alltid åt gott, klädde sig väl och lätt tog sig över gränsen till ett annat land varje gång det inträffade något som fick honom att vilja dra vidare.

På så vis blev han en av de första som kom iväg. Jag tror inte det var vad engelsmännen menade med att "hjälpa tjeckerna", men några veckor senare befann han sig i London. Ytterligare ett par veckor senare skrev han ungefär följande till en jude i Prag: "Jag har det underbart bra här. Jag bor hemma hos en engelsk lord, som är enormt vänlig mot mig. Om du vill skicka din hustru till England är det bara att du hör av dig, jag kan ordna det omedelbart. Jag har goda möjligheter att få anställning vid någon engelsk tidning."

Snart kommer den här mannen att informera resten av världen om hur "engelsmännen" ser på saker och ting. Han kommer att skriva att engelsmännen är oerhört upprörda över hur Tyskland beter sig. Det är inte klokt. Om England uppmuntrar sådant här, är England ett dårhus.

Jag var närvarande när det brevet lästes upp. En jude som var där sade: "I sitt nästa brev kommer han att berätta att det numera är han som är den engelske lorden, och att den engelske lorden ifråga har knuffats ut i kylan." Gapskratt utbröt.

Det är helt och hållet upp till regeringen att bestämma om de här människorna ska släppas in i England eller inte, och det enda som kan sätta gränser är det tryck som kan utövas av den allmänna opinionen och av de tidningar som ännu inte står under judiskt inflytande. Var och en som försöker informera om den fara för England som denna nya judiska invandring innebär möts redan av en spärreld av hot.

Jag har sett att det fungerar på samma sätt i Berlin, Wien, Prag och Budapest. Så snart någon stämplats som antisemit sätter djungeltelegrafen igång, hans ställning börjar undermineras. Ändå är det inte frågan om antisemitism, utan om självförsvar.

Herbert Metcalfe, som var domare vid Old Street, konfronterades ofta med judiska invandrare i sin yrkesutövning. Han uttalade, i ett särskilt allvarligt fall, att det var en skandal hur statslösa judar vällde in i England och att den rätta medicinen var att straffa dem hårt istället för att bara utvisa dem. Han dömde tre sådana judar till sex månaders straffarbete var för att olovligen ha tagit sig in i riket.

HUR KUNDE GUD...?

Jag känner till den sortens judar och såvitt jag kan bedöma hade Metcalfe i allt väsentligt rätt. Ändå blev han omedelbart föremål för en smutskastningskampanj.

Tror du att den kampanjen hade sitt upphov i engelsmännens medmänsklighet, sympati för svaga och känsla för rent spel? Nej, den var delvis ett sätt för dagens engelsmän att stilla sina samveten, men i huvudsak var det judar som låg bakom kampanjen. Hur många engelsmän skulle idag vara beredda att släppa in 5 000 icke-judiska, antinazistiska tyska arbetare – skickliga sådana, och därtill vänligt sinnade goda demokrater – tillsammans med deras barn och hustrur i England eller kolonierna? Ingen, eftersom de är "rödingar". De är inte tyskar eller österrikare, de är "rödingar".

Ni engelsmän, som vet hur svårt det är för en engelsman utan familjeförbindelser, utan pengar och utan den gamla internatskoleslipsen, att bryta igenom järnringen av privilegier, förtur, nepotism, förmögenhet och klassförakt, fundera på de här frågorna. Betrakta era landsmän i Durham, Jarrow, Shoreditch och Hoxton. Hjälp dem först.

När jag senast var i London såg jag många välbekanta ansikten, många människor av en sort som jag känner till. Vad jag såg på gatorna, på bilderna i tidningarna och i referaten av brottmålsrättegångar, var föga upplyftande.

Blunda inte, utan ta er en titt på hur London – världens största stad – ser ut idag, 1939. Gå från Marble Arch till Hyde Park Corner, längs Piccadilly till Leicester Square, nedför Strand till Fleet Street och St. Paul's, och därifrån till Holborn Viaduct och tillbaka längs Oxford Street, och håll ögonen öppna. Det är som om man dragit en trål genom Berlin, Wien, Budapest, Prag, Neapel, Paris, Warzsawa och Krakow, för att därefter dumpa fångsten här i detta överflöd av förgyllda detaljer, krom, plysch och neonljus. Här, där Shakespeare en gång samlade sina skådespelare, där Milton och Chaucer en gång gick, varifrån Drake och Raleigh seglade iväg för att upptäcka nya världar, där engelska hantverkare en gång för länge sedan tillverkade grindar av bra gjutjärn och kistor av bra ekträ, där engelsmän en gång i tiden serverade andra engelsmän kött och öl. Här sitter nu engelsmän i salar inredda med falsk marmor och äter pocherade ägg och dricker kaffe.

Titta in i restaurangerna, Petit Paris, Klein Berlin, Mañana's, Hoggenstein's, Posenovitch's, Umpsky's och allt vad de heter, och notera vilka som äter där, och vilka som serverar. Gå från hotellobby till hotellobby bland de billiga, prålig hotellen kring Piccadilly, Strand och Marble Arch, och se vad det är för slags folk som sitter nedsjunkna i deras kuddförsedda soffor.

Läs de finstilta annonserna på förstasidan i tidningen:

Härmed kungörs att Ignacio François Wienerwaldski har ansökt om brittiskt medborgarskap genom naturalisation. Om någon känner till vägande skäl eller andra hinder mot...

Eller:

Jag, Aloysius Ibrahim Espagnolovitch, tillkännager härmed att jag har bytt namn till Arthur Etonharrow...

Vänd blad och titta på annonserna där folk söker anställning:

Tre systrar från Wien (judinnor), som inte vill skiljas åt, söker anställning i ett engelskt hushåll.

Ung tysk (flykting) söker anställning som privatlärare.

Om du har några bekanta som har anställt sådana sökanden, tycker jag att du ska fråga dem hur länge de fortsatte i sina anställningar efter att de anlänt till England, hur lång tid det tog innan de gav sig av för att starta någon egen liten verksamhet, om de hittade ett sätt att också få in sina bröder, systrar, söner och döttrar i England?

Om du läser tidningarna noga, och studerar namnen och bilderna, får du en god bild av London. Ta till exempel de följande notiserna ur The Times.

Först de här, om två unga engelsmän:

Albert Smith, budpojke, 18 år, bosatt i Forest Gate, dömdes igår till en månads fängelse av West Ham Police Court för att ha stulit en shilling från en kassa-apparat i en affär i Forest Gate.

Thames Police Court dömde igår John Brown, 19 år, till sex månaders fängelse efter att han erkänt att han stulit tio shilling från sin arbetsgivare.

Ta nu en titt på de här artiklarna, som alla publicerades i The Times samma månad:

En finanshaj. Holländsk medborgare i konkurs dömd till fängelse. Inför herr Dummett vid Bow Street Police Court åtalades igår ----, holländsk medborgare, för att utan konkursdomstolens tillstånd ha drivit ett bolag trots att han försatts i konkurs ... Han försattes i konkurs 1935, med skulder som uppgick till 3 549 pund och med 10 shilling och 11 pence i tillgångar. Dummett dömde ---- till fyra månaders fängelse. Den tilltalade tillkännagav att han avsåg överklaga domen.

En kvinnas irrfärder genom Europa. Smugglades till Storbritannien i lastutrymmet på ett skepp. På Bow Street igår... Efter Hitlers ankomst, sade den tilltalade, flydde hon till Polen och reste sedan till Antwerpen, där en sjöman sade att han skulle hjälpa henne att ta sig till England för tio pund. ... Den tredje dagen kom sjömannen och sade "Du är i säkerhet nu, du är i London". ... Domaren sade att detta var ett av de där ömmande fallen. Han skulle rekommendera utvisning, men det var rätt troligt att ingenting skulle hända. ... En symbolisk penningbot på tio shilling dömdes ut.

Utländska brottslingar fängslade. Tre utlänningar, två män och en kvinna, åtalades på Bow Street igår för att ha tagit sig in i landet utan tillstånd från migrationsofficeren. [En förklaring är på sin plats: Det här betyder att de smugglades in i landet mot betalning. Bara ett fåtal av dem som gör det åker fast.] *De hette ----, rysk medborgare; ----, rysk medborgare; ----, medborgare i Peru. Polisinspektör Muscle vid Flying Squad sade att han upptäckte och grep de tilltalade i Limehouse. Kvinnan, ----, sade att hon hade kommit till London en timme tidigare, efter att ha stigit i land i England i en hamn, hon vet inte vilken. Hon hade betalat en grekisk sjöman fem pund och gick ombord på ett skepp, hon vet inte vilket. ---- har dömts två gånger i det här landet och rekommenderats för utvisning och dömts i Detroit i USA 1934. ---- förekommer inte i belastningsregistret i det här landet, men polisen i Berlin uppgav att hon var känd av polisen i Paris under ett annat namn. ---- hade domar mot sig från och med 1911 i Dresden, Wien, Warszawa, Milano, Köpenhamn och Zürich; han hade utvisats från Danmark och Italien och deporterats från det här landet. Polisinspektör Muscle beskrev de tilltalade som "ett gäng farliga internationella brottslingar". Dom avkunnades. Polisinspektör Muscle sade därefter att han just hade fått ett telegram från polisen i Paris, som genom fingeravtryck hade identifierat ---- som en kvinna vid namn ----, som dömdes för stöld i Paris 1934.*

Dessa på några få veckor. Trålen har fångat några få små fiskar från stimmen som simmar omkring i London. Gå nu genom West End med öppna ögon, för upplysnings skull, och se vad du har i London. När jag var där trodde jag ibland att jag var tillbaka på Kurfürstendamm, Kärnterstrasse, Andrássy Ut eller Wenceslas Platz. Här var de, de varken vävde eller spann, men diamantringarna gnistrade på deras lillfingrar, de satt på de mest iögonenfallande platserna i de billiga hotellens salonger och läste tidningarna i ett halvt dussin olika språk, samma motbjudande gäng med sina välmanikyrerade händer, ständigt omkringflackande blickar, oljade hår, trendiga kostymer och aggressiva beteende, som jag hade sett på huvudgatorna och kaféerna i ett halvt dussin huvudstäder.

Det var när jag kom tillbaka till London efter annekteringen av Österrike som jag först lade märke till de här sakerna. Jag hade inte varit där på många år, utom en dag eller två, och nu chockades jag av förändringen till det sämre. London verkade ha tagit över halva Europas bottenskrap. Jag började granska publikationerna i bokstånden, människorna i de billiga men pråliga hotellen, i restaurangerna kring Piccadilly, i biograferna, på svartklubbarna, i massage- och manikyrsalongerna, tidningarna, namnskyltarna, och letade efter vad jag redan visste att jag skulle finna.

Dessa personer är migrationens drägg. Såvitt jag kan bedöma klarar polisen inte av att hålla dem ute. De kommer hit igen och igen och när de grips på Whitechapel High Street bedyrar de oberört att de nyss anlänt, inte riktigt vet hur de kom dit och att de bara har de bästa intentioner. De döms till några veckors fängelse och utvisning – och sex månader senare är de där igen. De har hittat en grekisk sjöman, en fängelsekund utan ett öre på fickan.

Nästan varje dag nu kan du läsa saker som dessa i tidningarna:

Tysk flykting i skräck. En tysk tandläkare, ----, som smugglades in i England med motorbåt från Frankrike uppgav igår att han hade levt i skräck och vädjade om att inte skickas tillbaka till Tyskland. Konstapel Smith vid utlänningsdepartementet sade att ---- hade betalat en man i Frankrike 500 franc för att ta honom till England.

Flykting fängslad; vädjan till tidningarna om att inte publicera namn. En klockförsäljare, ----, som uppges sakna medborgarskap åtalades igår på Bow Street för att ha tagit sig in i landet utan tillstånd från en migrationsofficer. Poliskonstapel Brown vid utlänningsdepartementet sade att mannen anlände på måndag som fripassagerare på en båt.

Dessa nyheter hittar man ofta i undanskymda hörn i tidningarna. Om du följer dem noga kommer du att se att försvarsadvokaterna i allmänhet har judiska namn. Judiska socialarbetare är närvarande i domstolarna. Domare som uttrycker oro över missförhållandena utsätter sig för risken att få schavottera i pressen och i parlamentet. Vad som till slut händer med de här människorna vet ingen. Man läser för det mesta att "frågan om utvisning kommer att övervägas noga av myndigheterna" eller "utvisning rekommenderades". Själv tror jag att merparten av dem får stanna; man behöver bara se sig omkring så ser man dem.

Så länge som antalet judar är stabilt och lagar hindrar dem från att uppnå otillbörligt stort inflytande, så kan du med tiden göra judarna i ett land så lika landets befolkning att skillnaden inte spelar någon roll.

Men så fort du lyfter restriktionerna, öppnar varje dörr för dem, slutar skydda dig, tillåter obegränsad invandring, så börjar problemen.

Vi hade nästan det tillståndet före kriget; efter kriget hade vi det, och det är orsaken till alla de nuvarande bekymren. Om det gick att hålla världens judar inom de gränser där de bor nu, och hindra dem från att bli oproportionerligt förmögna och mäktiga – för i medgång är judarna lika hänsynslösa som tyskarna – vore allt väl. Men det går inte på grund av den stora migrationsflod som svallar än hit och än dit, och i England borde vi så snabbt som möjligt bygga vallar för att hindra uppkomsten av ännu en privilegierad klass.

Det är vad judarna blir, om de åtnjuter full frihet. De hålls ihop av sin känsla av gemenskap och är en kompakt och välorganiserad minoritet i samhället, som arbetar med samma koordinerade rytm som en stor maskin. Jag säger inte att det är en sammansvärjning; det beror på vad man menar med en sammansvärjning. Det är möjligen bara en känsla av allmän samhörighet, att det säkraste sättet att nå målet är genom nära ömsesidigt samarbete.

Men glöm inte att förvärvandet av rikedom och värdsliga ting och den makt som de ger, för juden är ett tecken på gudomlig välsignelse, något som berättigar honom till sina stamfränders respekt. För de flesta bland oss väcker den rike, i djupet av våra hjärtan, snarare förakt. Han håller, genom sina slutna skrån, oss förslavade; vi arbetar för honom, bugar för honom – men respekterar honom inte. För den fattige juden är den förmögne juden ett föremål för högaktning och beundran.

Jag skrev att judarna, när du ger dem full jämställdhet, utnyttjar den för att bli en privilegierad grupp, och inte för att bli jämlikar. Ett litet exempel på hur systemet fungerar var fallet med juden som nyligen anlänt till Harley Street, som fick sin stamfrände i Berlin att skriva till en potentiell engelsk patient och varna henne för de engelska läkarna. Det är så den börjar – utträngningen. Föreställ er det 1938, när ett av världens största länder undertrycker judarna, när England tar dess plats som den trygga hamn där de gärna vill vara! Föreställ er hur det skulle fungera i en tid då det inte fanns någon antisemitisk stämning, hur det fungerade i Tyskland innan antisemitismen bubblade upp. Var finns känslan av tacksamhet mot landet som givit dig en fristad?

Jag känner till en tidning i en centraleuropeisk huvudstad där hela redaktionen bestod av judar. (Däremot var tryckarna, paketerarna, sättarna, vaktmästarna, chaufförerna och springpojkarna i allmänhet icke-judar.) När antisemitismen började te sig hotande utsåg man en icke-jude till redaktör. Han var en sådan där charmant ungrare – det vill säga från början en kroat, eller sloven, eller ruten, eller tysk, eller något annat, men han var en stor ungersk patriot och kristen. Han kände judarna utan och innan, sade han. Det tror alla icke-judiska ungrare och det är därför som judarna är mäktigare i Ungern än nästan någon annanstans.

Han berättade med ett charmerande leende att han visste precis varför han hade blivit utnämnd och vilken hans ställning skulle komma att bli – som *Auslage Goy*, det vill säga en icke-jude avsedd att ställas i skyltfönstret. När solen skiner och man ändrar skyltningen i skyltfönstret tar man bort just den skyltdockan; den har blivit omodern. Men varför anställde den judiska tidningen endast judiska journalister? Var det en slump? Eller var det ett utslag av motvilja mot icke-judar?

I Berlin och Wien, som jag kände de städerna, praktiserades detta system av undanträngande ständigt och obevekligt. Längs de större shoppinggatorna var en icke-judiskägd butik en sällsynthet. Vet ni att på Berlins motsvarighet till Regent Street, Kurfürstendamm, utgjorde de judiskägda butikerna den överväldigande majoriteten under upploppen i november 1938, och att man den dagen kunde räkna de icke ödelagda, alltså de icke-judiskägda, butikerna på ena handens fingrar? I vissa branscher – textilbranschen, läderbranschen, pälsbranschen, guld- och juvelerarbranschen, kolbranschen – rådde det ett judiskt monopol i Wien, och en kristen som försökte få in en fot i de branscherna skulle ha haft ungefär lika stora chanser som general Ludendorff på ett frimurarmöte.[5]

---

[5] Den tyske generalen Erich Ludendorff (1865-1937) blev efter första världskriget en uttalad kritiker av frimureriet, som han menade gick judarnas ärenden och inpräglade judiska tankesätt hos tyskar. Han utgav 1927 respektive 1928 böckerna "Vernichtung der Freimaurerei durch Enthüllung ihrer Geheimnisse" och "Kriegshetze und Völkermorden in den letzten 150 Jahren" i vilka han redogör för

När tiderna blir kärva fortsätter detta märkliga informella system av ömsesidiga rekommendationer inom gruppen. När det gäller att be om tjänster begränsas systemet inte till judar. Den judiska intelligensens maskineri sätts i arbete för att alstra förståelse hos och söka hjälp av de kristna. Den minsta tjänst som görs är den jordmån i vilken det frö som kallas *Protektion* sås, och när det väl slår rot börjar en framgångens bönstjälk klättra mot himlen, med juden Jack äntrande uppför den.

Ungern är ett särskilt bra exempel på ett land som ger upphov till den jude som i dag är en god ungrare, i morgon en god engelsman, nästa vecka en god tysk, nästa månad en god kines, och som enligt mitt förmenande i vår tid fortfarande erbjuder det bästa exemplet på ett land där judar, genom denna metod baserad på samarbete och undanträngande, når höjder av inflytande och välstånd långt utöver deras antal och vad de förtjänar.

Ungern alstrade det klassiska exemplet på en sådan typ av jude – Trebitsch Lincoln. Låt oss betrakta Trebitsch Lincoln. Han föddes som jude, i Ungern. Hans föräldrar kom från Polen eller Ryssland eller Gud vet var – från "bakom Guds rygg", som det ungerska ordspråket lyder. Om ni hade skri-

---

sin syn på frimureriets karaktär och roll i Europas moderna historia. Böckerna gavs åren därpå, 1928 och 1929, ut i svensk översättning av förlaget E. P. Holmwall under titlarna "Frimureriets tillintetgörande genom avslöjandet av dess hemligheter" och "Frimureriets tillintetgörande: Krigshets och folkmord under de senaste 150 åren".

vit en notis i en av era engelska tidningar skulle ni på ert objektiva, "rätt ska vara rätt"-sätt ha skrivit "En ungrare har fötts".

Om jag minns rätt var han i sin tidiga mannaålder präst i någon av de kristna trosbekännelserna, i Kanada, tror jag! Här hade ni er "icke-ariske kristne"! Lite senare gjorde han i England ett djupt intryck på kväkarna, dessa kärleksfulla själar. Ännu lite senare var han en god brittisk patriot och medlem av underhuset.

Ytterligare några år gick, det första världskriget bröt ut, och Trebitsch Lincoln visade sig ha varit en spion – för Tyskland, ett land gentemot vilket han inte var skyldig någon medborgerlig tro och lydnad. Men vilket land var han förpliktad att vara lojal mot? Om något överhuvudtaget så skulle jag säga England. Men lojalitet fanns inte i honom.

Glömska under några år, och sedan ägde Kappkuppen rum i Tyskland, den första av de nationalistiska konspirationer som syftade till att störta den demokratiska, liberala regim som hade varit så god mot judarna, och återinsätta storföretagens män, storgodsägarna, monarkisterna, militaristerna, på de styrande positionerna i Tyskland. Vem var en ledande gestalt i detta kortlivade maktövertagande? Trebitsch Lincoln, nu en stockkonservativ tysk. Bland Kappkuppens övriga sympatisörer fanns en relativt okänd man, en viss Adolf Hitler. Trebitsch Lincoln på antisemiternas sida? Givetvis, han var kristen.

Låt mig här avbryta min berättelse om Trebitsch Lincoln ett ögonblick för att säga att när Kapps modfällda trupper efter sitt korta styre retirerade genom

Brandenburger Tor längst upp på Unter den Linden så sköt de på folkmassan, bara av ett slags översvallande fryntlighet, vilket ledde till att många människor dödades eller sårades, medan andra sprang, och jag såg ett foto av denna händelse som jag aldrig har glömt.

I förgrunden, med de springande, hukande eller kullvräkta gestalterna som bakgrund, befinner sig en gammal kvinna med ett barn. Barnet trycker sig tätt mot hennes kjolar. Hon omfamnar barnet, hennes kropp befinner sig mellan det och kulorna. När man ser på den bilden kan man nästan höra kulsprutornas rat-tat-tat, barnets skrämda gråt, den gamla kvinnans hjärtslag. Madonnan, barnet och kulsprutan, en trevlig symbolisk bild för vårt Europa efter kriget. Men ingen har brytt sig om att måla den.

Tillbaka till Trebitsch Lincoln. Ytterligare några år av glömska, och man hörde talas om honom i Kina, där krig pågick. Vid det här laget var han antingen en god rysk bolsjevik eller en god kinesisk nationalist, jag har glömt bort vilket. Sedan återigen några år av tystnad. Därefter, på nytt, nyheter om att Trebitsch Lincoln var en buddhistmunk. Den långsamma postgången förde med sig foton av honom i hans lilla sidenmössa, hans sidenmantel, hans lustiga byxor.

Var han en man helt utan sanning, heder, tro och lojalitet? Nej, där misstar man sig. Nu hände någonting som berörde Trebitsch Lincoln på den enda punkt där man hos honom kunde finna lojalitet. I England hade han en son, och denne son var soldat i den brittiska armén, och om du kan trumfa det var då vänlig att skriva och berätta det för mig, eftersom jag skulle vilja veta. Sonen dömdes för mord, datumet för avrättningen bestämdes. I det avlägsna Tibet, eller var han nu befann sig, hörde Trebitsch Lincoln den nyheten. Han kom farande från andra sidan jorden för att träffa sin son innan denne dog. Här fanns hans enda lojalitet, lojaliteten till den judiska familjen. Jag tror att han anlände till Southampton några timmar före avrättningen. Han tilläts inte stiga i land. Han färdades vidare på fartyget, återupptog den ändlösa resan...

Vilken människa. Jag önskar ibland att jag hade något annat hjälpmedel än ord, dessa bleka och tomma ljud och symboler. Jag skulle vilja berätta en historia med syra, med gift, med galla, med eld och svavel, en berättelse som skulle ärra och sveda och bränna och rulla upp sidorna när du läser dem.

Om man slår upp möjligheternas portar på vid gavel för detta slags jude så ber man om att få sitt hus utplundrat. Kom ihåg att han använder alla tänkbara skyddande förklädnader. Dop. Skulle jag vara en jude? Nej, jag är kristen, till och med en kristen präst. Språk. Vad, skulle herr Lincoln vara en utlänning? Men han talar perfekt engelska. Namnbyte. Vad, skulle herr Lincoln vara en utlänning och en jude? Men han har ett präktigt engelskt namn, är parlamentsledamot, och hans åsikter är oförvitliga. Du är inte klok. Fy, så du säger.

För den här sortens jude finns det ingen gräns. Om ni tvivlar på vad jag säger, tänk på Trebitsch Lincoln i ledningen för antisemiterna längs Wilhelmstrasse, marscherande mot maktens centrum. Men jag kan visa er den moderna motsvarigheten till Trebitsch Lincoln, och jag syftar inte på de Hitlerstödjande judar som ryktet påstår ska ha marscherat omkring i Berlin i nationalsocialismens begynnelse med en banderoll på vilken det stod skrivet *"Hinaus mit uns!"* – "Ut med oss!"

I Budapest fanns det, samtidigt som judemördaren Hitler belägrade Tjeckoslovakien, en tidning som nästan uteslutande drevs av judar. Alla judarna på den tidningen hoppades på att Hitler skulle misslyckas, att Tjeckoslovakien, som generöst hade givit judar från Tyskland och Österrike skydd, skulle överleva, att Tysklands planer skulle korsas i fred eller krossas i krig. I annat fall skulle det antisemitiska Riket ta ännu ett steg närmare Ungern, antisemitismens genombrott i Ungern skulle hotfullt skymta närmare.

Men istället för att ge upp sina positioner eller riskera att få sin tidning förbjuden av regeringen, som var anti-tjeckisk, så skrev judarna på den tidningen varje dag de bittraste saker om Tjeckoslovakien, kallade tjeckerna tyranner och skurkar och avskum, applåderade Tysklands beslutsamhet att tvinga Tjeckoslovakien ned på knä.

Problemet är inte enkelt.

Ungern är det mest lärorika landet i Europa för studiet av judarna, därför att de där är mäktigare än i något annat land jag känner till, och ändå misstänker den naive utlänningen aldrig det när han tillbringar sina trivsamma dagar och nätter i Budapest och tror att han håller på att lära känna ungrarna.

En gång satt jag tillsammans med en ovanligt intelligent jude på en kaféterrass med utsikt över Budapest. Han såg eftertänksamt ut över staden. "Är det inte underbart?", sade han. "Du ska veta att detta, inte Wien, var judarnas paradis." Jag hade aldrig tänkt igenom det hela riktigt så långt, men så snart han sagt det visste jag att han hade rätt.

I Ungern hade man, som den gamle ungerske adelsman som jag citerade tidigare sade, en härskande klass, aristokraterna och magnaterna, som valde att låtsas som om affärer var något som inte anstod dem och som anlitade judarna för allt som gällde köpande och säljande, bankverksamhet och pengautlåning, bokföring och tillverkning. Genom att göra detta, medan de själva gav sig ut på jakt eller satt vid den öppna spisen och på herremannavis beordrade zigenarna att musicera för dem, överlämnade de landet till judarna och gav upp sitt eget herravälde till förmån för judarna.

Ungrarna, massorna, folket som levde på och av jorden, lade knappast märke till någon förändring. Det var ett byte av de herrar som höll dem i bojor. De förblev material att förbrukas på fälten och i fabrikerna, men det var en epok när antalet fabriker och skorstenar, som adelsmännen inte förstod någonting av, dagligen ökade, och antalet butiker, närda av fabrikerna, ökade på motsvarande sätt, och judarnas makt växte och växte, och även på landet växte och växte antalet tunnland som befann sig i judisk ägo, medan de loja adelsmännen, med sina prålriga fraser och sina dumma handlingar, gick i konkurs eller undertecknade fler och fler växlar.

Det var maskinens tidsålder, och judarna slank lätt och ledigt in i tomrummet mellan godsägarna och trälarna och monopoliserade inom kort de funktioner som varken godsägare eller trälar förstod sig på: den ena klassen därför att den var för arrogant och lat, den andra därför att den var alltför nedtryckt och hölls i okunskap och träldom. Det var en gyllene tidsålder för judarna, och Ungern blev under de femtio år som föregick världskriget det judiska paradis som min judiske bekant talade om.

Sedan hände något som man bör ha i åtanke när man läser det jämmerliga ramaskriet: "Vad, åh vad, kommer att hända med judarna inom tio år om detta fortgår? De kommer att ha blivit utrotade allihop."

Det upprättades en kommunistregim, nästan uteslutande judisk; därefter en kortlivad men våldsam anti-judisk, reaktionär regim; och därefter – ännu en period av överdådigt judiskt välstånd. Detta är vad som gör Ungern så väldigt lärorikt för den som undersöker det judiska problemet: det är, bortsett från Tyskland, det enda land i Europa där man efter kriget har upplevt våldsam antisemitism, och inom några månader var allt det bortglömt, och judarna var lika mäktiga och bekvämt inrättade som någonsin, och har förblivit det till vår tid, när stormmolnen återigen drar ihop sig i nordväst.

Detta är vad som hände. 1919 utropades en röd republik i ungrarnas land. I regeringen var arton av de tjugosex folkkommissarierna judar! Judarna utövade oinskränkt makt i Ungern och statsförvaltningen var proppfull av dem. Judarna var under den tidsperioden inte en mäktig men maskerad klass, utan helt öppet den härskande klassen.

De hade en bulvan, en *Auslage Goy*, som president, den gode murarmästaren Sándor Garbai, men han hade ingenting att säga till om.[6] Det ungerska kungadömet, makten och äran, var deras. Béla Kun (Aaron Cohen), József Pogány, Tibor Szamuely (Samuels) och de övriga härskade ohotade, och gjorde en del synnerligen obehagliga saker. Deras fingrar var inte ett dugg långsammare på avtryckaren än Ad Hitlers eller Al Capones.[7]

Många människor är konfunderade över judarnas ledande roll inom kommunismen. Hur kan judarna, som älskar pengar, förespråka en doktrin som förnekar rätten till privat egendom, rätten att samla en förmögenhet, frågar de sig. Svaret är att det alltid finns pengar på toppen, och på toppen finns också något som lockar judarna mer än pengar – makt. Ungern hade givit judarna allt de kunde begära. En jude, Ludwig Hatvány, skrev:

---

[6] Ungerns starke man och i praktiken diktator mellan 1947 och 1956, den judiske kommunistledaren Mátyás Rákosi (född Rosenfeld), som själv var delaktig i Béla Kuns blodbesudlade regim, sade skämtsamt att man hade plockat in Garbai i regeringen för att det skulle finnas någon som kunde underteckna dödsdomar på den judiska vilodagen, sabbaten. Se Jerry Z. Muller, Capitalism and the Jews (Princeton: Princeton University Press 2010) s. 153.

[7] För en gripande ögonvittnesskildring av det judiska terrorväldet i Ungern under Béla Kun, se den ungerska författarinnan Cécile Tormays bok An Outlaw's Diary (London: Philip Allan & Co. 1923). Perioden har även behandlats av bröderna Tharaud i Där judarna regera (Eskilstuna: Öberg & son 1923).

Det gamla Ungern gav mig allt: välbefinnande, trygghet, rang och titlar. Universitetet och den akademiska världen stod öppna för mig.

Han tillhörde dem som stödde bolsjevikregimen och som sedan gick i landsflykt.

Rumänerna jagade ut Béla Kun ur Ungern. Han underlät att göra den enda sak som skulle ha kunnat ge honom något grepp över folket – att ta mark från de stora markägarna och skänka det till de bönder som saknade jord. Istället nationaliserade han all mark. Men att ge jord till bönderna var en sak som inte fanns i dessa mäns hjärtan; de var lika hänsynslösa som vilka andra tyranner som helst. Strax efter Béla Kun kom amiral Horthy; den gamla regimen återinrättade sig snabbt vid makten; Ungern var efter ett världskrig precis som det hade varit före det.

En ursinnig anti-judisk reaktion bröt oundvikligen ut. Officerare med improviserade militära enheter härjade i landet och hängde en del judar, och var inte alltid så noga med att välja de rätta.

Det hände 1919. 1920 var den anti-judiska stämningen redan på väg att försvinna, 1921 var den död, och judarna var på väg mot ännu en period av ökande inflytande och välstånd. Det är märkligt, när man tänker på den nöd som hemsökte Ungern, på de starka känslor som hade väckts.

Inledningsvis, för att fjärma sig från den röda regimen och undfly den hämnd som det föreföll sannolikt skulle följa på den, lät mängder av judar döpa sig: år 1919, 7 146 stycken; 1920, 1 925 stycken; 1921 endast 827 stycken och därefter ett mycket litet antal årligen. Behovet av skyddsfärger minskade. Antalet konversioner tillbaka från kristendomen till den mosaiska religionen ökade kraftigt.

Sjutton år senare, 1938, var judarna i Ungern rikare och fastare etablerade än någonsin tidigare. Minnet av Béla Kun-regimen tycktes ha förbleknat helt; antisemitism skulle ha varit en död bokstav om det inte varit för det olycksbådande mullrandet från nordväst. På papperet var den judiska andelen i relation till befolkningen i dess helhet som alltid mycket liten – omkring 600 000 individer, eller 6,5 % av den totala populationen, inklusive bekännande judar, döpta judar, och halvjudar.

När det gäller judar leder siffror ofta väldigt fel, för den bild man såg i Ungern i verkligheten var helt annorlunda. Det var en bild av judisk dominans på väldigt många av livets områden, helt oproportionerlig i relation till deras antal, även om man antar att antalet judar var betydligt fler än vad statistiken visade. De var – och är i skrivande stund fortfarande – en grupp med en nivå av välbefinnande och makt som vida översteg den som någon annan grupp i landet hade och har.

De ägde 46 % av alla industriföretag. De utgjorde 70 % av styrelseledamöterna i storföretagen. I de ledande bankernas styrelser var mellan 75 och 80 % av ledamöterna judar; 67,2 % av de privata mäklarna och 36 % av banktjänstemännen var judar. De hade till och med tillägnat sig 11,7 % av all mark i Ungern – i strid mot en sionistisk ledares enträgna varningar, när han många år tidigare sade till dem:

Ni begår ett ödesdigert misstag när ni skaffar er egendom i form av mark. Ni äger redan mer än hälften av den fasta egendomen i detta land. Folket kan i längden inte tåla en sådan erövring. Endast med hjälp av vapenmakt kan en minoritet som är främmande för folket och som saknar den gamla aristokratins historiska anseende vidmakthålla sitt grepp om sådan egendom.

Av de större lantegendomarna var 17,6 % i judiska händer; 34,4 % av alla läkare var judar, 49,2 % av alla advokater, 31,6 % av alla journalister. I huvudstaden Budapest, där mellan en fjärdedel och en tredjedel av den totala befolkningen är judisk, var de siffrorna betydligt högre. Förlags- och tryckeribranscherna var nästan uteslutande judiska, alla privatägda teatrar var judiska, och 40,5 % av biograferna.

För att få en klarare bild av denna närmast monopolistiska kontroll kan vi titta på styrelserna i de tjugo största industriföretagen i Ungern 1934-1935. Av 336 namn var 235 judiska; 290 av de största industrikoncernerna i Ungern stod under de tio största bankernas kontroll. Av 319 namn i styrelserna var 223 judiska.

1936 hade 19 tidningar i Budapest 418 redaktörer, journalister och medarbetare; 306 var judiska.

Lämna nu siffrorna och se på Budapest, på detaljhandeln, det starkaste av alla judiska fästen. Här är den judiska överrepresentationen tydligast för det nakna ögat, därför att den återfinns bakom disken, inte en våning upp i styrelserummet. I Budapest finns det kilometervis av gator där det inte går att hitta en enda butik som ägs av icke-judar. Om man vill köpa någonting är det mycket svårt att köpa det av någon annan än en jude.

Kontrasten mellan detta väl förankrade judiska samfund, vars samtliga delar tjänar bra med pengar, och arbetarnas fattigdom i Budapests ytterområden och böndernas fattigdom i många delar av landet, är slående och nedslående. De flesta av arbetarna arbetar åt judar och ger när de får sitt tunna lönekuvert det till sina hustrur, som ger sig iväg till den judiske butiksägaren och ger tillbaka det till honom, och så går pengarna, precis som musiken, runt och runt och kommer ut – var? Ingenstans där arbetaren eller bonden kan komma åt dem.

Det är på sitt sätt en ny form av förtryck, jämförbart med adelns och kyrkans förtryck på medeltiden, pengamaktens förtryck istället för de nedärvda privilegiernas förtryck, och det behöver åtgärdas precis lika mycket som dessa andra tyrannier, som fortfarande dröjer sig kvar.

Detta är det problem som måste lösas, förefaller det mig: att judarna, när de ges full jämlikhet vad gäller möjligheter, använder den för att tränga undan andra och göra sig till en privilegierad klass.

Följ med mig på några resor på den ungerska landsbygden och se hur systemet fungerar där.

Följ med till Mezökövesd, dit turisterna kommer med bussar på söndagarna, därför att på söndagarna tar bönderna på sig sina fina dräkter och går till kyrkan, och detta gör turisterna förtjusta, de upplever att de verkligen lär känna Ungern, de äter en god lunch på restaurangen runt hörnet, som är pyntad i den ungerska operettstilen och finns där just för turisterna och har ungefär lika mycket att göra med livet i Mezökövesd som Berkeley Buttery med den genuina gamla engelska livsstilen i Bethnal Green. Sedan bussas de tillbaka till Budapest.

Men vi ska inte besöka Mezökövesd på söndagen, utan på lördag eftermiddag. Bönderna och byborna arbetar; de har inte på sig de pittoreska dräkterna. De ägnar sig åt sitt dagliga slit, vilket pågår från gryning till skymning. De är väldigt fattiga. Pengar är en sällsynthet för dem, även småmynt. De anser sig själva vara lyckligt lottade om de har tillräckligt att äta.

Överallt kring dig kommer du att se ansikten fårade och rynkiga av mödor och bekymmer och väderlek, gestalter som blivit skeva av hårt arbete. Men gå lite längre och du kommer till byns torg, en plats där kyrkan står och vägen vidgas och där det finns några butiker och kvinnor sitter vid högar av pumpor – byns mötesplats. Om Mezökövesd vore London skulle detta vara Piccadilly Circus.

Alla dessa butiker, varenda en, har ett judiskt namn på skylten ovanför dem. Det är lördag eftermiddag, och butiksägarna arbetar inte. Även de står på torget, eller åtminstone gör de unga männen det; de äldre männen och kvinnorna sitter i butikerna och pratar.

Om du bortser från torget och bara tittar på dessa unga män, så *är* detta London, detta *är* Piccadilly Circus. Det är precis samma judar som du ser där. De har på sig trendiga kostymer, tätt åtsittande skor, nya hattar på omsorgsfullt friserade huvuden. De är välbärgade. De är herrar i denna avlägsna lilla stad, med dess dammiga väg med djupa hjulspår, med gäss som springer omkring, med oxdragna vagnar som passerar i båda riktningarna.

Resten, kyrkan, de magra och hungriga bönderna, de oansenliga stugorna, utgör bara bakgrunden. Under de långa vinterkvällarna tillbringar dessa bondkvinnor timmar vid det svaga ljuset från en fotogenlampa, stickande och broderande. Runt hörnet finns en butik, där en välklädd judisk herre sitter och läser Pesti Naplo. Av honom kan du köpa dessa tilltalande handgjorda lakan och dukar, resultaten av så många midvinternätters arbete – till ett pris, ett högt pris. Bönderna säljer produkterna till honom – till ett lågt pris. I Budapest finns mängder av dessa butiker, samtliga judiskägda, där Ungerns konst och hantverk fyller skyltfönstren och där de utländska turisterna stannar och utstöter små rop av välbehag över de fina saker de ser.

Nästa gång du passerar en av dessa butiker, tänk då på de människor som gjorde dessa ting. Försök få någon att ta dig med hem till de människor som gjorde dem, se dem arbeta.

I Tjeckoslovakien säljer bönderna dessa saker direkt till köparen, på torget eller på gatan. Varför är det inte så i Ungern? Är det förbjudet? Av vem, och för vem?

Följ med till Esztèrgom, Ungerns vagga, där de första ungerska kungarna hade sitt palats på den klippbranta höjdsträckningen med utsikt över Donau och bron som, fram tills nyligen, ledde in i Tjeckoslovakien. Nu är landet på andra sidan ungerskt igen. Följ med dit, även det på en lördagseftermiddag, och se precis samma saker utspelas där på det lilla torget. Esztèrgom kommer kanske att vara en stor och rik och folkrik och betydelsefull stad om hundra år. Det lilla torget kommer att växa till en lokal Piccadilly Circus. Tomter runt den kommer att vara de värdefullaste i hela Esztèrgom. Samtliga ägs av judar. Alla butiker bär judiska namn, de första blygsamma satsningarna med förgyllning, nickel, krom och neonljus görs. De unga judarna står och talar med varandra, iförda sina stadskläder. Stadspojkarna springer omkring barfota, tigger vattenmelonskal av grönsaksförsäljaren, gnager på dem tills ljuset syns genom skalet.

Följ med till Kecskemet. Detta är en stad, en rätt stor sådan. Här tillverkar de den utsökta aprikoskonjak som prinsen av Wales upptäckte åt ungrarna – påstår ungrarna. Här finns ett stort torg. En av de största byggnaderna vid det är synagogan. En sådan synagoga kostar en hel del att uppföra. Överallt runt torget finns de glittrande judiska butiksskyltarna. Landsbygden runtomkring är fattig, bönderna lider nöd. Ut ur synagogan kommer Kecskemets judar, anspråksfulla, välklädda, står i gestikulerande grupper och pratar – ett folk för sig.

Åk vart du vill i Ungern, i varje stad och varje större by kommer du att finna synagogan bland de mest iögonenfallande byggnaderna, bland bankerna, butikerna, biograferna, bensinmackarna, allt ägt av judarna.

Åk vart du vill i Ungern och du kommer att upptäcka att den infödde hantverkaren i det närmaste är utrotad. Där han fortfarande existerar tillverkar han underbara saker, men det är nästan omöjligt att hitta honom. De få butikerna kring bytorget är en kopia i minatyr av Budapest – billigt porslin, fabrikstillverkat och av låg kvalitet, vulgära smycken, syntetsilkesstrumpor, präliga klänningar, frukten av industriarbete kontrollerat av unga judar, arbete som anpassas till den lägsta tänkbara nivån vad gäller smak och material.

Jag gick en gång till en stor marknad i Budapests utkanter och häpnade över det mardrömsliknande utbud av billiga maskintillverkade varor som jag såg där, och som bönderna, ditkomna från landsbygden, ivrigt köpte. I ett stånd sålde en jude den mest vedervärdiga samling billiga oljetryck av den kristne guden och hans profeter jag någonsin sett, samtliga i förgyllda ramar. Jag sökte igenom den där marknaden efter något jag ville köpa, något som, när jag skulle befinna mig i något annat land, skulle vara trevligt att se på och få mig att minnas Ungern, det ljuvliga Ungern med sina bördiga åkrar och bönderna som arbetar på dem, inte detta de lågkvalitativa maskintillverkade varornas Ungern.

Till sist fann jag en man som sålde kannor och vaser och koppar som han hade format och bränt och målat själv. Äntligen något *echt*, något genuint, något ungerskt. Han hade några dryckeskärl, botten upp-kärl som man antingen måste hålla i handen eller också tömma och ställa ner, man kan inte ställa dem på bordet och smutta. De var underbara. Jag köpte fyra av dem, och önskar att jag också hade köpt de övriga två han hade. Varje gång jag ser på dem känner jag välbehag. De kostade sex pence styck. För mig var de ovärderliga.

Min judiske bekant hade kallat Ungern "judarnas paradis". Jag hade undersökt saken och höll med honom. Men jag var inte övertygad om att judarna

HUR KUNDE GUD...?

hade varit bra för Ungern. Om man vill studera denna fråga, som spelar en så stor roll i vår tid, så är Ungern ett bra ställe att börja med.

Jag imponerades i Ungern, som jag hade gjort i Wien ända till det ögonblick när Hitler marscherade in, och som jag senare skulle imponeras i Prag, av hur obekymrade judarna verkade vara. England, Frankrike, Amerika och hela omvärlden genljöd av berättelser om förföljelse av judar, men i dessa städer, med Hitler vid dörren, uppförde de sig till synes oberört, ändrade inte sin livsföring eller sitt sätt att njuta av livet, utgjorde, precis som de alltid hade gjort, majoriteten av besökarna på de mer flärdfulla kaféerna och restaurangerna och hotellen och barerna och nattklubbarna. Detta fortsätter i skrivande stund, november 1938, i Prag. Bara några kilometer bort brinner i detta ögonblick synagogor. Tusentals judar har resolut slängts ut från Tyskland till Polen; hundratals till Tjeckoslovakien. Här i Prag äter, skrattar och dansar judarna som om de inte hade några bekymmer. Av alla de gängse vanföreställningarna om judarna är den mest felaktiga att de är fega. De är mycket modiga – när det gäller en sak som är deras egen. De är även obetvingliga.

Många människor blev förbryllade av något jag en gång skrev om judarna – att när Hitler hade dött skulle de fortfarande bedriva handel på Kurfürstendamm och på Kärntnerstrasse. Du verkar ha rätt om en del saker, sade de, men här tänker du bestämt alldeles galet. Judarna håller på att utrotas. Snart finns de inte längre.

Tro inte det. Du lurar dig själv om du gör det. Försök förstå att den stora majoriteten av de judar som fanns i Tyskland när Hitler kom till makten fortfarande är där, att de flesta av butikerna i sådana shoppingområden som Kurfürstendamm är judiska – jag skriver detta i vetskapen om att de slogs sönder igår, och jag undrar vad de brittiska försäkringsbolagen tycker om det – och denna mängd judar kommer att förbli där.

De kommer naturligtvis att gå igenom hårda tider, men de kommer att stanna där och överleva dem. Hitler har kanske tjugo år kvar att leva, ungefär. Judarna förvisades från Wien "i all evighet" – ett av Führerns favorituttryck – 1422, och ytterligare fördrivningar gjordes 1554, 1567, 1573, 1575, 1600, 1614 och 1624. 1670 förvisades de "i all evighet" igen. Under hela 1700- och 1800-talen ökade deras inflytande, trots periodiska förvisningar. 1879 föll de sista bastionerna – statlig tjänst och universitetsämbeten – för dem. 1937 hade Wien fler judar än någonsin tidigare och de levde i högönsklig välmåga.

Jag anser inte att judarna, på det hela taget, har använt detta öppnande av alla dörrar för dem på ett passande eller hederligt sätt, och de sjunker nu något från den höjdpunkt av makt och rikedom som världskriget tog dem till. En ny period med inskränkningar har inletts. Ingen kan i denna stund förutse hur länge den kommer att vara eller hur mycket skada den kommer att åsamka dem. Att inskränkningarna så småningom kommer att upphävas igen är lika säkert som att solen kommer att gå upp i morgon.

För min del är jag övertygad om en sak, och jag vet att många judar innerst inne håller med mig om det här: att upphävandet av inskränkningarna, när det inträder, inte bör användas till att någon gång i framtiden återigen göra exempelvis Berlin till vad Berlin var före 1933. Av detta skäl finner jag en del av det jag ser i London idag illavarslande och olycksbådande.

Judarna har en roll att spela om antisemitismen ska kunna utplånas. I London gör de nu just det som de gjorde i Berlin. De överger östra London, översvämmar de västra delarna, översvämmar Hampstead och Maida Vale, tränger undan, uppträder uppkomlingssnobbigt.

Det finns närmare två miljoner arbetslösa i England, miljontals engelsmän lever under omständigheter som inte anstår världens rikaste land, och det duger inte. Teorin om den fria räven i den fria hönsgården måste vederläggas.

Varför har jag skrivit allt detta, så vidlyftigt? För det första därför att jag vet en del om den här saken och därför att jag, som hjälpt många judar både i ord och handling, vill säga exakt vad jag anser när någon gläfser "antisemit" åt mig.

För det andra därför att jag är övertygad om att det enda sättet att lösa denna eviga konflikt till allas tillfredsställelse, inklusive judarnas, eftersom judarna inte kommer att ändra på sin gentemot icke-judar fientliga religion, skulle vara att grunda en judisk nationalstat för dem, och om jag vore Hitler skulle jag göra det: vilken ljuvlig hämnd, att bli mannen som löste det judiska problemet och gjorde slut på antisemitismen!

För det tredje därför att jag tror att om man inte kan upprätta denna judiska stat, då måste man beslutsamt stänga gränserna för judarna och omsorgsfullt bemöda sig om att assimilera de judar man redan har, men i så fall måste man skydda sig gentemot att de tillskansar sig oproportionerligt mycket makt och rikedom genom metoder som, enligt våra värderingar, innebär ett slags illojal konkurrens.

På en järnvägsstation i Prag iakttog jag ett tåg med flyktingar som gav sig av mot en osäker framtid. Alla var män. Samtliga var tyskar, från de sudettyska områden som Hitler annekterat. De var socialister och kommunister, män vilkas liv var i fara. De var på väg till England, och efter det visste ingen var de skulle hamna.

Deras kvinnor och barn stod gråtande på perrongen, de visste inte när de skulle träffa sina makar och fäder igen. Männen, redliga och robusta tyska arbetare, stod vid fönstren och betraktade dem. De yttrade knappt ett ord. Deras ansikten präglades av uppgivenhet och förstämning. De stod bara och tittade på sina fruar och barn på perrongen.

Bland männen fanns en jude. På perrongen stod hans mor och syster, annorlunda än de omgivande arbetarklasskvinnorna, mer välklädda. Juden, ensam bland alla dessa män, hade något att säga. *"Wir kommen wieda"*, tillkännagav han högljutt till den väntande skaran, "vi kommer tillbaka". De övriga männen förblev tysta och uttryckslösa; de visste att de inte skulle återvända. Juden talade igen, till sin syster. *"Trachte, dass du bald nachkommst"*, sade han. "Försök att komma iväg snart." Varför, undrade jag, om han trodde att han snart skulle återvända?

Tåget började röra på sig. Männen vid fönstren iakttog tyst sina anhöriga på perrongen, nickade sorgset med sina huvuden, gjorde inga andra rörelser. Juden lutade sig ut genom fönstret och skrek högt *"Wir kommen wieda!"* Människoskaran stirrade på honom, svarade inte. De övriga männen stod tysta vid sina fönster, nickade farväl. Juden höjde sin arm, med knuten näve, i arbetarhälsningen. På hans lillfinger glittrade en diamant i lampskenet.

Varför, frågade jag mig själv, när jag gick därifrån. Han har ju inget gemensamt med dessa män, dessa arbetare, varken han eller hans ring eller hans tämligen teatraliska rop eller hans mor eller hans syster har något gemensamt med dem. De är något helt annorlunda, de hör hemma någon annanstans. Varför befann han sig då här, och vilka var hans innersta motiv?

Jag kunde inte finna några svar. Han var bara annorlunda.

LÅNG, LÅNG VÄG

Det föll sig så att när jag började skriva om judarna, vilket varit min avsikt efter kritiken mot Insanity Fair på den punkten, tillbringade jag mycket tid på platser till vilka den antisemitiska vågen var på väg, och jag fick tillfälle att iaktta dem i motgång. Jag har varit i länder som gränsar till det anti-judiska tyska riket där judiska flyktingar samlades, och där de inhemska judarna förberedde sig för den nya förskingringen. Jag har sett dem i ingenmansland. Jag har sett dem, i tusental, sammanstråla på kaféer och hotell, trängas på flyg- och ångbåtslinjers biljettkontor, belägra inflytelserika utlänningar, tidningskontor och konsulat, åberopandes *Protektion*.

Jag har precis läst ett uttalande från en av dessa judiska emigranter, som nu är komfortabelt etablerad i London och skriver för antinazistiska tidningar i flera länder: *"Wir Juden sind Stehaufmenschen."*

Ni vet de där leksakerna – de nedtill avrundade gubbarna med en vikt i botten som inte går att välta omkull, som alltid dyker upp igen med ett leende? Det är en exakt illustration. Medan människor i England bekymras över hur det ska gå för judarna i Tyskland märker de inte att judarna i England håller på att bli mäktigare än någonsin.

Allt jag har sett bekräftar den uppfattning jag skapade mig under elva års kringflackande på den europeiska kontinenten och har bekräftats för mig av judar själva. Nu är samtliga dessa judar i färd med att flytta till England, till de brittiska kolonierna eller till Amerika.

Det är ingen lösning; denna nya utvandring kommer bara att medföra samma nedgång i standard för dessa länder, samma oproportionerliga och orimliga stegring av judarnas välstånd jämfört med den inhemska befolkningen, samma omständigheter som i så hög grad har bidragit till de senaste utbrotten av antisemitism över hela det tyska riket och i det forna österrikisk-ungerska kejsardömet. Dessa var judens förlovade länder, i synnerhet Tyskland, vilket alla judar som bodde där längtar efter idag. De kan inte tänka på Berlin eller Wien, Frankfurt eller Mannheim idag utan att längtan och sorg märks i deras röster, längtan efter länderna där de städerna är belägna. Var de inte till stor del skyldiga till att ha kastat bort vad de länderna lovade dem genom en omåttlig lust till pengar, makt och skrytsamhet?

Lyssna på Benno Israelovitchsky, en förmögen man, född i Ryssland, som bodde tio år i Berlin, tre i Wien, åtta i Tratenau i Sudettyskland, fem år i Haag, två i Paris, och som när jag talade med honom några timmar innan detta skrivs, fortfarande var en välbeställd man i Prag, som nu förbereder sig för nästa etapp av Ahasverus långa, långa resa och planerar att slå upp sitt tält i Reval ett tag. Händelsevis har han ett pass från en sydamerikansk republik, fast han aldrig varit där, vilket ger honom *Protektion* från den statens konsulat eller ambassad närhelst antisemitismen kommer för nära honom.

Benno Israelovitchsky är en av få judar jag har träffat som dricker en hel del. Nittiofem av hundra judar dricker aldrig mer än ett eller två glas, eftersom de tänker "om jag blir berusad kommer min nyktrare granne att vara skarpare än jag, och vad är förresten poängen med att dricka mer än att jag vet exakt hur mycket stimulans, kvickhet och gott humör jag får för mina pengar?"

När Benno Israelovitchsky fått i sig lite blev han mer öppenhjärtig än vanligt. Han talade om Berlin efter kriget med mig och en annan jude, också han född i Ryssland, som gjort en liknande livsresa, från Kiev till Berlin, från hitlerismens Berlin till Wien, från hitlerismens Wien till Prag och nu gjorde förberedelser för att lämna Prag för Paris, innan Hitler närmade sig.

"Åh", sade Benno Israelovitchsky i den klagande ton som judar idag använder när de talar om hur antisemitismen breder ut sig och deras allt trängre manöverutrymme. "Jag är antisemit. Berlin efter kriget! Åh, vilken tid, vilket liv det var! Och vems fel är det att det gick som det gick? Tänk tillbaka" – han riktade sig till den andre juden – "tänk tillbaka och dra dig till minnes hur våra ungdomar betedde sig då. Hade de uppfört sig annorlunda, så skulle vi aldrig ha haft Hitler. Det är vad som gör mig till antisemit."

Den andre juden nickade uttryckslöst. "Du kanske har rätt", sade han.

Benno Israelovitchsky hade rätt. Jag kände det Berlin han talade om och vet att han hade rätt. Jag kände Wien på den tiden också och det han sade stämde även på den staden.

Den viktigaste frågan för engelsmän i dessa tider måste klargöras på en central punkt. Om vi en dag ska gå i krig mot Tyskland igen får det inte vara för att återinsätta judarna på deras bekväma paschatroner där. Vill vi hjälpa judarna gör vi inte det genom att släppa in de minst önskvärda av dem i England, så att de kan få 1939 års London att se ut som 1929 års Berlin. Vill vi hjälpa judarna så är det enda sättet genom att hjälpa dem att etablera en judisk nationalstat – men inte genom att ge dem kulsprutor att döda araber med.

Jag funderade på Benno Israelovitchsky. Han var en man som nalkades sextio. En liten bit bort satt hans tjugotreåriga *amie*, en typisk blond harems-pjäs i päls som han hittat någonstans i Belgien, Frankrike, Tyskland eller Österrike. Jag undrade varför han hade gjort sig sådant besvär med att ta reda på att jag var i Prag, och göra min bekantskap. Jag hade gått med på att träffa honom av ren nyfikenhet. Jag frågade honom varför. Han svarade att han hade läst något om mig, och om några prognoser jag hade gjort i en tjeckisk tidning, och beundrat hur träffsäkra de var. Det, visste jag, var inte hela sanningen. Det fanns ett djupare skäl någonstans.

Kvällen fortskred och när den fjärde flaskan champagne, huvudlös, anslutit sig till de döda (guldfolie och poppande korkar är underbara saker och tjeckisk champagne kostar nästan ingenting, så vad gör man?) fick jag veta. Jag hade räddat Benno Israelovitchskys förmögenhet. Jag hade skrivit min bok utifrån helt andra motiv, men det hade blivit ett av dess resultat.

I början av 1938 var han en bekymrad man. Skulle Hitler uppsluka Österrike, frågade han sig dag och natt. Vad skulle hända med judarna där, och med deras egendom? Vad skulle hända därefter, i Tjeckoslovakien, med judarna där och med deras ägodelar?

Han läste tidningar, lyssnade på radio, frågade vänner och bekanta om vad de trodde. Men han kunde inte bestämma sig. Så en dag, strax efter att Österrike gått sitt öde till mötes, läste han i en judisk tidning i Prag att jag i Insanity Fair hade förutspått slutet för Österrike och förutsåg ett liknande öde för Tjeckoslovakien.

Benno Israelovitchsky började omvandla sina tillgångar till kontanter, skicka iväg dem för säker förvaring i små, neutrala länder, sälja sin fasta egendom och flytta sin lösa egendom till icke-tysktalande delar av Tjeckoslovakien. Innan höstkrisen infunnit sig var han helt förberedd, hus och möbler sålda, affärerna i ordning, hans finansiella livbojar väntande i Amsterdam och Zürich och New York; han och hans *amie* bodde på ett hotell, passen var viserade och allting ordnat.

Runt omkring honom vred judar som hade varit långsammare sina händer. Direktör (som han alltid kallade sig) Benno Israelovitchsky spatserade längs Prags gator, urtypen för en man som hade sett stormen komma och gjort alla förberedelser. "Det enda jag har förlorat" sade han den kvällen, "är en gammal skrivmaskin. Hitler kan glida nedför min rygg[8]".

På det tyska språket finns det bara ett uttryck som är mer föraktfullt än det. Det är att göra en verbal grimas, en inbjudan bara en aning mindre hånfull än den som Götz von Berlichingen[9] hade för vana att göra.

Med den förkärlek som män som Benno Israelovitchsky har för att slänga sig med latinska sentenser, begagnade han sig av frasen *in vino veritas* mer än en gång under kvällen. Nu, under vinets inflytande, hade han talat om sanningen för mig. Medan han gjorde det iakttog jag den andra juden, som lyssnade med beslöjade, uttryckslösa ögon. Han drack inte. Han berättade att ingen av männen i hans familj hade druckit alkohol sedan den dag, för hundratals år sedan, en avlägsen förfader, en rabbin, under spritens inflytande uttalat en förbannelse över sin fru. Då det berättades för honom efteråt, införde han en klausul i sitt testamente där han befallde alla sina framtida manliga ättlingar att avstå från alkohol, vilket under trehundra år strängt hade åtlytts av dem. Jag vet inte om det var sant, men utifrån min erfarenhet av hur starka judiska familjelagar och relationer är, kan det mycket väl ha varit det.

---

[8] Reed har här gjort en ordagrann översättning av det tyska uttrycket "Rutsch mir den Buckel runter", vilket betyder ungefär "dra åt helvete".
[9] Tysk riddare och legosoldat (1480-1562) som ska ha myntat uttrycket "kyss mig i arslet".

Medan jag lyssnade till Benno Israelovitchsky och hörde hans bittra kommentarer om de unga judarna i det efterkrigstida Berlin, såg jag mig omkring och tänkte, "om han nu anser det, och vet det, varför kommer han då hit?"

Vi var på den dyraste dansbaren i Prag. Den här lördagkvällen var det fullsatt. Nio av tio av männen som var där var unga, dyrt klädda judar. Kanske var tre av tio kvinnor judinnor. De andra var haremspjäser, värdelösa, blonderade läggdags-accessoarer med dum uppsyn av samma sort som man förr om åren kunde se i tusentals på Berlins och Wiens dansbarer. Den enda kvinnan på stället som arbetade för sitt uppehälle var sångerskan, som kallades Prinsessan Capulet, eller något liknande romantiskt. Hon var en judinna från Warszawa, och hon sjöng en märklig sång, vars ord jag inte förstod; fonetiskt lät det ungefär så här, *"Dooin te Lambet Vork"*[10] och när hon sjöng det skrattade alla de unga judarna och deras partners, struttade runt en vända i rummet, klappade i händerna, klappade sig på knäna, stack tummarna över axlarna och skrek "oi".

En timme från Prag låg den nya tyska gränsen. Ett par kvällar tidigare hade glöden från brinnande synagogor nästan kunnat setts mot himlen från Prag. Judar drevs över gränsen. Varje dag fick omvärlden höra hjärtskärande berättelser om judiskt elände.

---

[10] *"Doin' the Lambeth Walk"*. Frasen kommer från refrängen i sången The Lambeth Walk som åtnjöt stor popularitet i slutet av 1930-talet. Reed gör sig lustig över den polska judinnans bristfälliga uttal.

Här, i Prag, såg jag än en gång den bild jag hade sett så ofta förut – i Berlin även någon tid efter att Hitler kom till makten, i Wien fram till en eller två dagar innan han kom dit, i Budapest, i Bukarest, i Belgrad.

Veckorna som följde var mina engelska tidningar, varje dag, fyllda med upprörda utgjutelser om hur illa judarna behandlades, och med vädjanden om att bistå dem. När man läste de tidningarna kunde man ha trott att judar överallt var på flykt, misshandlades, rånades, mördades. Här i Prag, en timme från Hitler, såg jag dem varje dag, varje kväll, dansa i de dyraste barerna, vräka sig i fåtöljerna på de dyraste hotellen, trängas på kaféerna, njuta av livet, inte ett dugg mindre aggressiva, monopolistiska och högljutt självgoda än de någonsin hade varit. Är London annorlunda? Inte när jag var där.

Kontrasten mellan dessa två bilder, den jag såg med mina egna ögon och den mina tidningar gav mig, var mycket stor. Mina engelska tidningar hade knappt en gnutta av medlidande till övers för de tjeckiska och tyska flyktingarna från Sudetenland, till antalet tjugo gånger så många som judarna, och bekymrade sig föga om det pågående mördandet av kvinnor och barn i Spanien och Kina.

Jag började misstänka motiven för upprördheten beträffande judarna. Här, syntes det mig, var det återigen sympatin privilegierade klasser emellan det rörde sig om. Jag blev glad när, visserligen bara som en liten röst i hela denna bedövande korus av generöst men orättvist utportionerad indignation, The Times publicerade ett brev från en man som hade varit deras specialkorrespondent i Kina under rubriken "Brutalitet och lidande – det inkonsekventa medlidandet".

Enligt detta brev hade den tyska regeringens åtgärder mot judarna "upprört världen". Den här gången, tillade brevet, hade världen, som så ofta upprörs, för en gångs skull gått från ord till handling. Den brittiska regeringen hade erbjudit flyktingar asyl, den amerikanska regeringen hade kallat hem sin ambassadör från Berlin, och så vidare, och så vidare.

Men, sades det i brevet, detta gjorde det svårt för människor som lyfte blicken bortom Europa att behålla sinnet för proportioner. Lidandena som Hitler åsamkat en halv miljon människor var visserligen fruktansvärda, men de var försumbara jämfört med det lidande som den japanska armén orsakade det kinesiska folket. I Kina hade närmare en miljon män dödats eller skadats allvarligt – *dödats eller skadats allvarligt, närmare en miljon män* – och japanerna hade slaktat *tiotusentals civila*, och gjort *ytterligare omkring 30 miljoner* hemlösa och utblottade. Det vore förvånande om inte *två eller tre miljoner*, främst gamla och barn, inte kommer att *dö* under vintern 1938-1939. Fall av våldtäkt och misshandel var *knappt värda att nämnas* i denna förintelse.

Den brittiska regeringens förpliktelser, både enligt avtal och av ren medmänsklighet, var desamma i bägge fallen, menade brevskrivaren, som tyckte att världens samvete var "ett förbryllande fenomen".

Betraktar det [frågade han] *100 döda eller nödlidande kineser som motsvarande en förföljd jude, och kan vi då anta att när Japans offer når häradet 50 000 000 får vi se ambassadörer hemkallas från Tokyo och internationella åtgärder för att göra livet drägligt för flyktingarna? Eller är det bara så att judar är närmare och kineserna långt bort och dessutom gula?*

Det var frågan som ställdes av den här mannen, som kunde sitt ämne, å miljontals kinesers vägnar, och det är den fråga jag ställer å hundratusentals tjeckers, tyskars och spanjorers vägnar.

Precis som judarna tenderar att monopolisera de yrken som de penetrerar när det inte är antisemitiska tider, så har jag funnit att de monopoliserar medkänsla och bistånd när det är antisemitiska tider. Eftersom deras antal är litet jämfört med den stora massan icke-judar som utsätts för våld och förföljelse i vår tid tycktes det mig som om detta var ett gammalt ont, utträngandet av icke-judar, som bröt ut på ett nytt ställe.

Den organiserade judenheten i länder där det finns antisemitism, eller där antisemitismen närmar sig, behärskar fullständigt tekniken att rekrytera utländskt stöd och sympati. De förstår det; detta att blicka över gränsen har de i blodet. Om en grupp på tjugo judar hamnar i ingenmansland, anstormas de brittiska och amerikanska ambassaderna och konsulaten i närmsta huvudstad, de brittiska tidningsredaktionerna likaså, nästa dag genljuder hela den brittiska och amerikanska pressen av historien, fotografier dyker upp, biskopar skriver brev, kommittéer aktiverar sig och snart är judarna frigivna och på väg till ett nytt land.

Inte långt därifrån kan 300 eller 400 icke-judiska flyktingar svälta i en hydda. De har inga organiserade grupper som bryr sig om dem, som anstormar ambassader och nyhetsredaktioner för deras skull, ingen besöker dem, ingen vet att de är där eller bryr sig om dem. De kan lika gärna ruttna.

Jag har sett en hel del av de 250 000 flyktingar som finns i Tjeckoslovakien, av vilka ungefär 15 000 är judar, och blev bestört över det sätt på vilket den lilla judiska gruppen, som innehöll en stor del välsituerade personer, lyckades lägga beslag på nästan all utländsk uppmärksamhet, medan omvärlden aldrig hörde ett ord om de unga icke-judar, skickliga arbetare och hantverkare som jag gärna skulle ha betalat för att åka till våra kolonier, men som stagnerade i hopplös desperation, utan några utsikter att få emigrera till ett nytt land eller möjligheter att börja ett nytt liv.

Jag tänkte på dessa saker under kvällen jag tillbringade med Benno Israelovitchsky, på den där dansbaren där alla de unga judarna roade sig. Det inträffade en mycket märklig sak där. Dessa unga män var av den typ som, enligt Benno Israelovitchsky, hade bidragit till att skapa antisemitism i Berlin. Eftersom han hade sagt det, förvånades jag över att han själv spenderade så mycket tid och pengar på sådana ställen, betedde sig så vräkigt. Var han verkligen annorlunda, undrade jag.

Av en händelse kunde jag besvara den frågan. Benno Israelovitchsky, som efter att ha tagit sig ett glas var på mycket gott humör, dansade med sin vän, och när han passerade violinisten stack han i hans hand vad som såg ut att vara pengar, en tjugoeller femtiokronorssedel. Mannen bugade sitt tack, rullade upp den och fann en vit pappersbit. Det var Benno Israelovitchskys lilla skämt. När han valsade förbi på nytt sade den unge mannen lågmält till honom: "Bara en jude skulle göra så."

Det blev omedelbart ett våldsamt uppträde. Chefen kom och skilde de bägge männen åt. Benno Israelovitchsky gick iväg med honom till hans kontor. När han kom tillbaka sade han triumferande: "Jag ska visa honom. Hans kontrakt kommer att avslutas vid månadsskiftet. 'Bara en jude skulle göra så.' Och hur ofta har jag inte gett den där fiolspelaren femtio kronor?"

Medan synagogorna brinner en timma därifrån!

Benno Israelovitchsky ringde mig rätt ofta efter det. Jag var aldrig hemma. Han kanske undrade varför.

Ett par dagar senare åkte jag till L., en tjeckoslovakisk stad mycket nära den nya tyska gränsen, för att besöka flyktingarna från området som Tyskland lagt beslag på. Vid mina många besök hos flyktingarna, dessa olyckliga människor, lade jag alltid märke till samma sak. När man närmade sig området fördes man oundvikligen direkt till de judiska flyktingarna.

Så också vid det här tillfället. Där fanns tretton judiska flyktingar. De hade det visserligen bedrövligt svårt, men deras antal var tretton. I samma stad fanns tusentals tjeckiska och hundratals tyska flyktingar. Deras belägenhet var i många fall värre, eftersom ingen brydde sig om dem. Ingen besökte dem. Inga utländska tidningar protesterade eller pläderade för deras skull. Inga biskopar bad för dem. De och deras barn var utlämnade åt närapå svält, åt tuberkulos och skrofler, åt döden. Bara genom envishet och uthållighet lyckades jag söka upp dem.

Lyssna på mitt samtal med Julius Malychek, ledaren för distriktets judiska befolkning.

Julius Malychek berättade för mig om de judiska emigranternas öde. På kvällen samma dag synagogorna brändes, hade en grupp på tjugo judar dumpats i ingenmansland, mellan de provisoriska nya gränserna, detta fredstidens ingenmansland, med dess jagade och skräckslagna människor, som är resultatet av "fred med ära" i München och av vår glänsande samtida civilisation.

Så fort det blev känt att de var där drog den judiska organisationen i grannstaden igång på samma sätt som en välskött motor när man startar bilen. Tält, halm, filtar och livsmedel skickades till dem och Julius Malychek ägnade varje stund av sin vakna tid åt sina ansträngningar för deras skull. Han lyckades utverka tyskt tillstånd för dem att återvända till sina hem och släktingar. Ett par dagar senare dumpades en andra grupp på cirka tjugo judar vid gränsen. Tyskarna var obevekliga och ville inte ta tillbaka dem. Julius Malychek, outtröttlig i sina bemödanden, lyckades få tjeckiska myndigheter att låta dem passera gränsen och bevilja dem några dagars asyl i Tjeckoslovakien tills Tyskland beviljade dem återinträde eller de kunde skickas till något annat land. När tiden för deras asyl gått ut utan att man hittat någon lösning, försvann de plötsligt en natt och befinner sig nu någonstans i Tjeckoslovakien, som utlänningar ingen tar notis om. "Är jag polis?" frågade Julius Malychek mig, och slog ut med händerna.

Så kom den tredje gruppen. Den här gången vägrade de tjeckoslovakiska myndigheterna – den lokale polismästaren, till vars medmänsklighet man vädjat för att ge den andra gruppen temporär respit, höll på att förlora sitt arbete och sin pension till följd av dess försvinnande – att släppa in dem. Julius Malychek var förbittrad över denna omänskliga inställning.

Detta är bakgrunden till Julius Malycheks tankar om det judiska problemet, som är det verkligt viktiga. Efter att han hade skildrat dessa händelser för mig såg jag på hans bord en illustrerad broschyr om de framsteg som gjorts med att bygga en modern judisk bosättning i Tel Aviv, i Palestina. Jag bläddrade i den, beundrade bilderna på friska och lyckliga unga judar, som arbetade hårt med att bygga en skön ny värld, och frågade honom, "Vad tycker du om detta?"

Han blev genast entusiastisk. "Åh", sade han, "om bara männen som har makt att lösa problemet kunde inse att det här är den enda lösningen. Vi skulle kunna bosätta mellan sju och åtta miljoner judar där om det gick att hitta ett sätt att hålla araberna nöjda, tillgodose deras intressen och öppna upp landet för oss. Det finns 20 miljoner judar i världen utanför Palestina" – detta är hans siffra; jag tror att uppskattningen är för låg – "och problemet skulle upphöra att existera. De som vill stanna i de länder de befinner sig i skulle kunna tillåtas göra det på villkor att de blev medborgare där och accepterade alla medborgerliga plikter".

"De skulle vara för få för att problemen skulle kunna återuppstå. Ett sådant antal skulle gå att assimilera. De som starkt kände den judiska sammanhållningens dragningskraft inom sig och föredrog att bli medborgare i den judiska nationalstaten, Judea, eller vad du nu vill kalla den, skulle kunna bege sig dit. Man borde få förmögna judar över hela världen att hjälpa till med att finansiera detta."

"Men det nuvarande läget är ohållbart. Juden går inte att assimilera och kan inte heller bege sig till något land som tillhör honom. Hans släkt kan bo i århundraden i det ena eller andra landet, men plötsligt vaknar han en dag och inser att han inte är tjeck eller slovak eller tysk eller österrikare eller polack – utan jude, och därtill en hemlös sådan. Alla judar kan inte assimileras. Vad man gör idag, ännu en gång, är bara att lägga bandage på ett sår som behöver opereras. Själv gör jag gällande att jag är tjeck" – jag noterade att han inte sade "jag är tjeck" – "eftersom min familj har bott här i hundrafemtio år. Jag slogs i kriget, först i Österrike-Ungerns armé, sedan med de tjeckiska legionerna i Ryssland mot Tyskland och Österrike-Ungern, för den tjeckiska nationens frihet. Jag kan förstå att anti-judiska stämningar nu sprider sig bland tjeckerna. Hur skulle det kunna vara annorlunda, efter allt som de har gått igenom? När de var fria gav de oss allt. Nu när de själva inte längre är fria, jäser hat och bitterhet mot allt bland dem."

Detta kom från hjärtat. Med den utgångspunkten skulle jag ha kunnat räcka Julius Malychek handen och säga: "Min herre, ni är min vän och broder, gå och lev i fred inom din judiska stats gränser. Jag vill gärna tro att du skulle räknas till mitt eget lands allierade och att du skulle slåss som frivillig i ditt lands armé om någon rovgirig efterföljare till turkarna skulle anfalla er. Men här och nu gör du allt du kan för att, i dina stamfränders intresse, monopolisera den kristna omvärldens medlidande och hjälp, samtidigt som ett långt större antal icke-judar i din hemstad befinner sig i en mycket värre situation. Du säger att du inte har någonstans att ta vägen, men det är inte riktigt sant eftersom en nödställd jude alltid kan räkna med omedelbar och generös hjälp från judar i grannländerna, vilket du själv just nu bevisar. En icke-jude i motsvarande situation är den mest utsatta varelse man kan tänka sig och jagas genom koncentrationsläger, fängelse och fattighus utan att någon enda människa i omvärlden bryr sig det minsta om honom. Detta har jag nyss sett med mina egna ögon."

Jag frågade Julius Malychek om de icke-judiska flyktingarna i staden, men han tappade omedelbart intresset och sade att han var tvungen att gå och fortsätta sina ansträngningar för att beveka de lokala myndigheterna. Han tittade efter mig med viss irritation när han såg att jag gick iväg för att besöka ytterligare några nödställda tjecker och tyskar tillsammans med en varmt kristen änka, som gjorde allt hon kunde för dem. Ändå hade han påstått att han var tjeck.

Tyvärr ser jag ingen man, eller män, av tillräckligt format för att förstå, acceptera och djärvt proklamera dessa sanningar och sätta punkt för vad Julius Malychek, i ett förtvivlat utrop i sin lilla tjeckiska stad, kallade *"dieses Ahasvertum"* – judarnas rotlöshet och den nedbrytning av icke-judiska ideal som den för med sig.

Hitler skulle kunna göra det, bli judarnas idol och ge en näsbränna åt de förvirrade och inte särskilt empatiska personer här i världen som göder sin självkänsla och putsar på sina skamfilade rykten för människokärlek genom att tjuta högt om förföljelsen av judarna. Men jag tror inte att han är stor nog för att se tillfället, eller för att gripa det. Hans nuvarande storhet är, tycks det mig, bara resultatet av hur små många andra länders ledande män råkade vara när han steg fram på världsscenen.

Under tiden är en ny förskingring på gång. Judarna anstränger sig till det yttersta för att ta sig från de länder där antisemitismen är på frammarsch till länder där det just nu inte finns någon, eller endast latent, antisemitism. Tro inte att de hyser varmare känslor för de länderna, eller att de kommer att göra det när de väl är där.

Så länge Tjeckoslovakien var fritt gav det dem den mest generösa fristad man kan tänka sig. Jag har aldrig sett någon kärlek för eller tacksamhet mot Tjeckoslovakien bland dem. Nu känner de att det har blivit dags att lämna Tjeckoslovakien och bege sig någon annanstans, men detta "någon annanstans" ligger i en värld som i sin helhet är potentiellt anti-judisk och där samma saker en dag kan inträffa som inträffade i det vänliga, underbara och toleranta Tyskland och Österrike. Att smida medan järnet är varmt i de andra länderna så länge som toleransens sol lyser, samtidigt som man aldrig glömmer att det anti-judiska förtryckets natt snart kan vara där, att de som är dina värdar idag kan vara dina fiender imorgon, det är den innersta känslan hos människor som har år och generationer av ständig vandring i sitt blod. Den enda platsen där de skulle kunna slå sig ner för gott, när de tröttnat på att vandra, och veta med säkerhet att de var hemma och att någon fiendskap mot dem aldrig skulle kunna uppstå – den platsen förvägras dem.

Det behövs alla sorter här i världen, men i den engelska världen har vi, tycks det mig, för många av en sort – den undernärda, arbetslösa, underbetalda, bostadslösa, sjukliga sorten som ingen bryr sig om – och detta gör vår värld obalanserad. Ni kommer inte att göra den världen bättre genom att släppa in horder av utlänningar utan att reglera deras aktiviteter i ert land. Om ni verkligen är humana och fulla av medkänsla, vilket ni låtsas vara, rätta till de här missförhållandena först – missförhållanden som jag för ögonblicket inte ska säga mer om, utom att de är ohyggliga, brottsliga, motbjudande och, i världens rikaste land, en fruktansvärd skandal.

Eller kanske kan jag, då mina egna ord lätt ter sig för återhållsamma, färglösa och otillräckliga, låna en beskrivning från en korrespondent vid Hitlers tidning Völkischer Beobachter, som sade följande när han skrev om England:

I det här landet är kontrasterna mellan ofattbar rikedom och förskräckande fattigdom större än i något annat europeiskt land, med undantag endast för Spanien.

Det är sanningen om det rikaste landet i världen.

Jag skulle vilja tillägga följande för att göra bilden fullständig: "I England är kontrasterna mellan högljudda bedyranden om hur medmänsklig man är och kallblodig omänsklighet större än i något annat europeiskt land, utan undantag."

Om ni vill få det bekräftat kan du slå upp vilket nummer som helst av The Times från mitten av december. I ena kolumnen kan du läsa tårdrypande appeller för judarna, i den andra appeller från "verkliga medmänniskor" som vill att kriget i Spanien ska avslutas snabbt genom att man svälter ut de spanska republikanerna, som har slagits mot två stormakter och en armé av araber i nästan tre år, och tvingar dem att underkasta sig Franco som har hotat med storskalig vedergällning när han har dem i sin makt.

Är det fel, är det antisemitism, om en engelsman tänker i de här banorna i dessa tider? Avgör själv.

Engelsmännens kallsinnighet gentemot andra engelsmän förbryllar mig när jag betraktar England och ser den enorma flodvågen av indignation och stora protestmöten mot hur judar behandlas i Tyskland, uppmaningarna att skänka pengar för att hjälpa dem och öppna dörrarna för deras barn.

Är det inte något som skorrar falskt i denna medmänsklighet? Varför för man engelsmännen bakom ljuset ännu en gång? Vi fick höra att vi måste offra Abyssinien för att blidka Italien; inget medlidande för abyssinier. Vi fick höra att vi måste offra Tjeckoslovakien för att blidka Tyskland; inget medlidande för tjecker. Det antyds att vi måste offra Spanien för att tillfredsställa Tyskland och Italien; inget medlidande för spanjorer.

Varför då medlidande för judar? Efter det antijudiska utbrottet i Tyskland, som följde på den unge Grynszpans mord på vom Rath i Paris[11], talade fyra brittiska ministrar, från samma regering som hade övergivit Abyssinien och Tjeckoslovakien och i praktiken accepterat Mussolinis varning "att han inte skulle tillåta att general Franco besegrades i Spanien", i ett helt annat tonläge. En av dem, Lord De La Warr, sade: "Vi har en djup och allt starkare känsla av att det inte finns något vi kan göra som tyskarna kommer att nöja sig med." Lord Zetland sade att han hade hoppats – vilket är oförklarligt för var och en med någon kännedom om utrikespolitik – "att konferensen i München markerade början på ett nytt kapitel i mänsklighetens historia, men nu måste jag erkänna att mitt hopp skakats i grunden av förra veckans händelser i Tyskland". Sir Thomas Inskip sade: "Premiärministerns ansträngningar har utan tvekan lidit ett beklagligt bakslag ... jag har svårt att tro att det tyska folket står bakom att oskyldiga personer behandlas på detta fasaväckande sätt."

Varför det? I Spanien, som ligger många hundra kilometer från Tyskland, behandlas oskyldiga personer som aldrig gjort Tyskland något på ett fasaväckande sätt. Varför "chockas och upprörs världen" inte över det? Om vi ska blidka de rovgiriga diktaturerna genom att servera dem abyssinierna,

---

[11] Reed syftar på de anti-judiska upploppen under kristallnatten, som utlöstes av att en ung jude vid namn Herschel Grynszpan mördade den tyske diplomaten Ernst vom Rath på den tyska ambassaden i Paris.

tjeckerna och spanjorerna för fredens skull, varför ska vi då inte också blidka dem genom att blunda för vad de gör mot judarna? Varför inte träffa en överenskommelse mellan gentlemän om det?

Jag anser att det engelska folket har rätt att få veta svaret på den frågan.

Och det särskilt just nu, därför att i detta ögonblick, när England genljuder av uppmaningar till medlidande med judarna och deras barn, tycks det mig att England kan vara på väg mot ytterligare en omänsklig handling som är så ohygglig, så oförenlig med denna kör av upprörda medmänskliga röster, att hela bilden av England, sedd på håll, återigen blir suddig och oförklarlig, annat än utifrån sämsta tänkbara bevekelsegrunder.

De demokratiska regeringarna kommer, om inte den allmänna opinionen i deras länder äntligen rycker upp sig, att enas om att förvägra de spanska barnen deras sista hopp om liv. Inget medlidande för Juanito. Inget medlidande för de hundratusentals spanska barn som befinner sig i samma situation. Inget medlidande för det två veckor gamla spädbarn som jag såg i ett tjeckiskt flyktingläger. Inget medlidande för engelska barn i slummen. Svält spanjorerna till underkastelse. Ännu en fred med ära.

Men "rädda de judiska barnen". Medan denna vansinniga och omänskliga tragedi pågick i Spanien fylldes tidningarna av högljudda krav på medkänsla för judarna. Ingen betydande brittisk ledare stod upp för de spanska barnens sak. De är rödingar. Låt dem ruttna, precis som barnen i era egna slumområden. Vid ett tillfälle hämtades några spanska barn hit till England, från helvetet i Spanien, av en kommitté bestående av engelska medborgare. Omedelbart bildades det en annan kommitté för att se till att barnen skickades tillbaka. Ett ändlöst och frustrerande gräl vidtog. Vad som till slut hände med de spanska barnen vet jag inte.

Men nu planerar man att hämta hit "50 000 judiska barn" till England. 50 000! Lord Baldwin sade, i en rikstäckande radiosändning, att dessa 50 000 judiska barn måste få komma till England. De första hundra- eller tusentalen har redan anlänt. Ni har sett bilderna på dem i tidningarna. Det var inga svältande föräldralösa vars öron fortfarande ringer efter månader av bombangrepp. Det var välbeställda föräldrars barn, välnärda och välvårdade.

Dessa barn kommer inom några år att ha vuxit upp och blivit män och kvinnor. Om det blir ett nytt krig kommer de inte att behöva göra militärtjänst. De kommer att få arbeten och öppna affärsrörelser i England, medan engelsmännen är vid fronten. När engelsmännen återvänder kommer judarna att ha en lika dominerande ställning i England som de hade i Tyskland efter förra kriget. Undanträngningen kommer att vara i full gång. De kommer inte att bo i de engelska slumområdena.

Vissa judar inser själva att om de avskedar engelsmän för att istället anställa utländska judiska flyktingar på sina kontor och firmor, kommer de så småningom att ge upphov till en våg av antisemitism i England mot dem själva och mot de människor de försöker hjälpa.

För att få plats på ett flygplan från Prag till London var du tvungen att boka veckor i förväg: också där var undanträngningen i full gång. De kände ingenting för England, de hade ingen förhoppning eller önskan om att bli engelsmän; vad de åstundade mer än något annat på jorden var ett brittiskt pass. Man måste resa en hel del i Europa för att förstå hur enormt viktig denna pappersbit är; passet är mycket viktigare än mannen. Hela världen står öppen för en odåga med ett brittiskt pass, han kan röra sig fritt i alla land, han kan resa vart han vill, bedriva handel som han vill, söka skydd hos en brittisk ambassad om han har problem. En ärlig, hårt arbetande, nyttig medborgare utan ett pass är den lägsta av alla varelser på Guds jord, jagad från gräns till gräns, släpad från fängelse till fängelse, förmenad rättslig status; han är inte mänsklig. Hur ofta har jag inte hört förtvivlade flyktingar utropa: "Vi är inte längre människor, vi är värda mindre än hundar."

Att England, som vägrar ta hand om sitt eget folk, som under de senaste sex åren till ackompanjemang av vackra ord har förrått medmänsklighetens och rättvisans sak i det ena främmande landet efter det andra, nu skulle öppna sina portar på vid gavel för just den här gruppen av lidande människor, och bara för denna, är olycksbådande och hotfullt.

Bland de människor jag har sett lämna Tjeckoslovakien efter styckningen och bege sig till England har merparten varit judar, en betydande minoritet tyskar, medan nästan inga varit tjecker. Med dem följer stora faror för England och det engelska folket.

Den judiska frågan, som är missförstådd i England, fördunklar vad som annars vore en ganska okomplicerad sak för engelsmännen. Det stora inflytande som de organiserade judiska grupperna i England, Frankrike och USA har över tidningarna i de länderna bidrar ytterligare till oklarheten. Glöm inte att när ni i era tidningar läser indignerade utbrott om hur judar behandlas läser ni ibland, och långt ifrån sällan, material som inspirerats av judar, vars yttersta mål är att ni ska slåss mot Tyskland, inte för er egen sak, utan för att utrota antisemitismen. Detta är ett oacceptabelt fördunklande av sakfrågor som ni måste vara på er vakt mot.

Jag var i Budapest under den stora septemberkrisen 1938 och jag glömmer inte hur judarna där köpte upp livsmedel så att vissa av affärerna i områdena där jag bodde såg ut som om en gräshoppssvärm passerat genom dem. Själv såg jag en kvinna spendera över 200 *pengö*, vilket är en stor summa i en förort till Budapest, hos min lokala specerihandlare, som råkade vara jude. Min anspråkslösa och hårt arbetande städerska kunde inte få tag på smör och socker till hennes makes middag. Jag hörde liknande berättelser från en bekant som bor på Irland och reste dit med ett skepp där många passagerare var judar. De var alla fullastade med matvaror.

Under septemberkrisen kände jag åtskilliga judar som var upprymda över tanken att kriget stod för dörren, samtidigt som de visste att de inte skulle slåss i det. De avsåg, som min judiske bekant i Budapest sade till mig, "att överleva" och sedan skörda frukterna av en fred som planterats på antisemitismens grav. För mig var det en oroväckande tanke. Den får mig att betrakta alla synpunkter på den internationella konflikten, som jag vet eller misstänker kommer från judiska källor, med den yttersta skepsis.

Man bör ha detta i åtanke när man läser böcker om den nu pågående kraftmätningen i Europa och inte glömma att de författare som för er presenteras som tyskar, österrikare, schweizare, amerikaner och allt vad det är, i de flesta fall är judar som framställer saken från sin egen ståndpunkt och inte från er. Deras metoder för att piska upp internationell opinion mot den antisemitiska fascismen känner inga gränser, men om ni vill slåss mot den antisemitiska fascismen bör ni göra det för er egen skull, i ert eget intresse, och inte i deras.

Frågan just nu är om ni kommer att låta detta fortgå, växelvisa vågor av förtryck av judar och vågor av judisk dominans, eller om ni kommer att lösa problemet? Om ni väljer det andra alternativet borde ni bilda en judisk nationalstat, dock inte på arabernas bekostnad, och strängt begränsa antalet judar som bor utanför den. Judarna vet det själva. "Polsk jude" var det värsta tänkbara skällsordet bland tyska judar vars släkter länge varit etablerade i Tyskland. Men de återkommande vågorna av judisk invandring dränker allt det goda som de sedan länge etablerade grupperna av judar har uträttat.

Snart kommer ni att få se antisemitism i Tjeckoslovakien, i Ungern, i Rumänien, möjligen ännu längre bort. Problemet växer, det blir inte mindre. Trycket från den judiska invandringen till England kommer att öka och öka. Och dessa invandrare är, till större delen, exakt de personer som ni inte vill ha och inte kan kosta på er att ta emot. Överallt där jag har sett dem har de förebådat dåliga tider för landets invånare.

"Antisemitism är en av de saker som i viss mån rubbat hans omdöme", sade en skribent, som inte visste någonting om ämnet, om mig.

Detta var värdefullt för mig då det visade att normerna för litteraturkritik förblivit desamma genom århundradena. Jag tror att en av Chaucers samtida förebrådde honom för att vara antisemit efter att han publicerat Priorinnans berättelse. Genom ett märkligt sammanträffande har jag bland mina ägodelar en del av ett pergament på vilket en teaterkritikers åsikt om premiäruppförandet av Shakespeares Köpmannen i Venedig finns antecknad. Porträttet av Shylock gav honom anstöt och han skrev: "Herr Wm. Shakespeare har låtit sin avsky mot judarna fördunkla hans omdöme." Vidare har jag ett gulnat klipp ur ett nummer av Morning Mercury, som publicerades för många år sedan. Där skriver en kritiker om Charles Dickens Oliver Twist: "Vi beklagar mycket att Dickens, när han ur sin fantasis galleri frammanar den motbjudande karaktären Fagin, har låtit sin motvilja mot judarna rubba det goda omdöme som vi är övertygade om i alla andra avseenden kommer att vinna allmänt gillande."

Chaucer, Shakespeare, Dickens. Rödingar och antisemiter alla tre, obalanserade och fördomsfulla medelmåttor, män utan "omdöme", män med hjärtana fulla av grymhet. Tack gode Gud för att vi inte längre producerar engelsmän av det slaget. Idag är vi fulla av den kristna dygden tolerans. Vi tolererar allt, men i synnerhet slumområden, övergivna bostadsområden, svält, att sätta in färgade trupper mot spanska arbetare, Kina, Tjeckoslovakien – allt.

UR EFTERORDET

Det var en dyster, snöig dag i Gdynia, som fördunklades ytterligare av tanken på att vi skulle tillbringa tre dagar ombord på ett litet skepp fullt med judiska emigranter och av den tryckta stämning som hade spritt sig till denna polska stad. Men, tur i oturen, vi fick en utmärkt lunch. Vi hade inte haft mycket till aptit de senaste tio dagarna och vid de sällsynta tillfällen vi var hungriga var maten inte särskilt tilltalande. Men nu, i Gdynia av alla platser, fick vi en måltid i klass med det bästa Paris har att erbjuda. Efter att Noel Panter[12] och jag druckit lite utsökt vodka gick vi till S/S Warszawa. Vi betraktade detta lilla fartyg på 2 000 ton och våra medpassagerare med stort ogillande, gick ombord,

---

[12] Noel Panter var journalist på Daily Telegraph. Reed beskriver honom på ett annat ställe i Disgrace Abounding som "en av de mest begåvade och sämst behandlade journalister jag känner". Panter utvisades hösten 1933 från Tyskland efter att ha anklagats för spioneri.

och påbörjade därmed den sista etappen av vår lilla odyssé.

Jag har aldrig haft mer fel än om S/S Warszawa. Det var ett fantastiskt fartyg, ett underbart skepp. Om jag hade stannat länge ombord hade jag utvecklat samma känsla av personlig tillgivenhet för skeppet som jag tidigare gjort för Little Rocket.[13] Det var mycket litet och när jag steg ombord förväntade jag mig att spendera tre dagar på en rasslande låda som skulle gunga, kränga och bete sig medan plåten skakade och motorerna dundrade. Mina farhågor ökade när någon sade att skeppet skulle skrotas om några månader.

Till min förvåning var den lilla Warszawa, som var byggd i Sunderland, det smidigaste skepp jag någonsin rest med. De enda andra skepp jag är bekant med är i och för sig några oceanångare och alla ångfartygen som trafikerar Engelska kanalen, men alla de var dundrande monster jämfört med Warszawa. Jag antar att de körde henne i den mest bränslebesparande hastigheten, men hursomhelst tuffade hon på mycket bra och jag hörde bara motorerna vid ett tillfälle och kunde inte känna mer än en mycket lätt darrning i däcket från dem. Inte nog med det, hon red på vågorna som en drottning. Vi stötte på en storm och såg skepp till styrbord och babord som körde ned fören djupt i det vita skummet, medan aktern pekade högt upp i luften och de tog in vatten midskepps. Men vår lilla Warszawa tog sig

---

[13] Douglas Reeds smeknamn på sin bil, omnämnd i delar av Disgrace Abounding som inte återges här.

UR EFTERORDET

lugnt och majestätiskt fram mellan vågorna med bara en vaggande rörelse från sida till sida som var så mjuk att ingen besvärades av den.

Jag tror att hon var ett gammalt skepp, och det kan mycket väl ha varit så att besättningen kände till andra sidor av henne och hyste helt annorlunda känslor för Warszawa, men jag utvecklade en djup respekt för henne under resan. Nästa överraskning som Warszawa bjöd på var maten. Jag hade förväntat mig ganska enkel utfodring ombord, men hovmästarna försåg oss med en uppsättning måltider som jag hade haft svårt att hitta i London.

Det fanns för några få av oss en stor nackdel med den bekväma tillvaron ombord. Omkring tvåhundra personer reste med skeppet på mellandäck och i passagerarklass. Sex eller sju av dem var britter och inte judar. Alla andra var judiska emigranter. Nedanför, på mellandäck, reste de fattiga och jag har en minnesbild av en mor som satt och pratade med en väninna medan hennes två barn plockade löss ur hennes hår, något som det verkade som hon inte lade märke till.

I vår del av skeppet reste glasögonprydda judar ur de övre samhällsklasserna. De for, med muntra hjärtan, till England. Från resans början gav de prov på sina hopplösa sedvänjor. De förvandlade den lilla salongen till ett kafé på Kärnterstrasse med sitt ändlösa högljudda prat och skämt om Hitler, sitt irriterande politiska pladder om vilket misstag tjeckerna begått som inte slogs mot Hitler och om kriget som närmade sig men som de inte skulle slåss i. Så snart som de steg upp på morgonen började de väsnas i korridorerna så att ingen annan kunde sova. De försökte lägga beslag på de bästa platserna i salongen, och det krävdes en samlad ansträngning från den lilla, plågade icke-judiska minoritetens sida för att säkra ett litet hörn där den kunde äta ifred. Däcket, som var den enda platsen där man kunde sträcka på benen, var mycket kort – 37 steg – men de låg och vräkte sig i däckstolar överallt, så att också det blev otillgängligt.

Vi hade bara ett hopp – en storm – och vi bad om en sådan. När den inte kom bad vi för en orkan, en snöstorm, en cyklon, en tornado. Allt till ingen nytta. Vi fick en kort respit när vi kom till Kielkanalen, vilket innebar åtta timmars långsam färd genom Tyskland. Då dämpade sig tumultet och skrikandet en aning och jag lutade mig över relingen i lugn och ro och tittade på ljusen i Kiel och tänkte på sjösättningen av Deutschland, som bombades i spanska farvatten. Jag tänkte på hur Hindenburg försökte gripa tag i champagneflaskan när skeppet gled iväg, på Hindenburg som inspekterade spillran av Tysklands marina makt. Det var bara åtta år sedan och Tyskland var återigen den mest fruktade nationen i världen.

När vi passerat Kielkanalen och kom ut på Nordsjön blåste det upp till storm och under sex timmar tystnade tjattret. Salongen var tom bortsett från oss, skepnader inbäddade i filtar låg på däcket, allt var fridfullt. Det verkade som om våra böner hade besvarats. Vi kunde njuta av de skumkrönta vågorna och vinden. Jag kände hur stormen för varje ögonblick blåste alkohol, nikotin, politik, oro och små besvikelser ur mig och önskade att jag hade kunnat resa i veckor med Warszawa tillsammans

UR EFTERORDET

med några goda vänner. Jag tittade på fiskmåsarna och förundrades över hur de svävade i luften utan att röra sig och ändå höll jämna steg med fartyget, som om de var förbundna med det genom osynliga trådar.

Jag måste göra ytterligare en utvikning. Varje dag färdas sådana här små skepp med hundratals judar ombord över havet till England. Varje dag kommer tjogtals med flyg – jag har nyss läst i Daily Express att hundra landade på en dag i Croydon. Varje dag avgår tåg mot England från Warszawa, Bukarest, Wien, Prag, Krakow och Riga, fulla av judar. Det måste ha kommit tiotusentals av dem till England under de senaste åren och månaderna. På detta skepp såg jag dem så som jag alltid sett dem sedan historierna om förföljelsen av judarna och deras lidande började fylla tidningar över hela världen varje dag – skrytsamma och stöddiga, högljudda, lägger beslag på saker, oförsonligt inställda på att armbåga sig fram och tränga ut andra. De kommer inte att vara ödmjuka och måttfulla, tacksamma för att ha fått en fristad i England. De kommer inte att slåss för England, men de kommer att tjuta dag och natt om att England borde slåss.

De har inga känslor för England i sina hjärtan. Om du behärskar ett främmande språk tillräckligt väl för att dölja din nationalitet när du talar med dem, kommer du att få höra hur de redan talar nedlåtande om engelsmännen, precis som de talade om tyskarna, österrikarna och tjeckerna: *"Na ja, es ist ein braves Volk aber organisieren können die Engländer natürlich nicht"* – "För all del, de är ett hyggligt folk men organisera saker kan de naturligtvis inte". Det är den gamla vanliga visan, judarna måste styra landet eftersom dess invånare är för dumma.

De här människorna borde aldrig släppas in i England utom under strängast tänkbara uppsikt. Inte en av dem borde släppas in i England utom under en ovillkorlig plikt att tjänstgöra i den brittiska armén i varje nytt krig – och då ska de slåss, inte tjänstgöra i någon matbespisning i Aldershot, som sjukvårdare i John o'Groats, som sekreterare åt någon kvartermästare i Portsmouth eller något liknande. De är potentiellt lika farliga för oss som tyskarna, eftersom deras enda önskan är att vi ska slåss mot Tyskland för deras räkning. Innan Hitler kom till makten hade vi exakt så många judar som vi klarar av att assimilera, och de judarna förstod oss och våra seder och passade in.

Det här nya inflödet är det värsta som kan hända England och de sedan länge etablerade engelska judarna.

Slumpen, och möjligen också min känsla för timing, gav mig möjligheten att skriva ytterligare kapitel till Insanity Fair omedelbart efter publicering, och den här gången har samma sak inträffat igen.[14] Men den här gången har slumpen gjort det möjligt för mig att i detta extra kapitel ge er det bästa exempel som tänkas kan på hur den organiserade

---

[14] Förstaupplagorna av såväl Insanity Fair som Disgrace Abounding gavs ut tillsammans med tillhörande små häften med extra kapitel där Reed bland annat tar upp händelser som inträffat efter att han lämnade in sina manus till förlaget för utgivning.

UR EFTERORDET

judenheten i världen fungerar och vilken enorm makt den har när det gäller att hetsa världsopinionen mot Tyskland. Jag föreställer mig att alla som har läst dessa två böcker förstår att jag anser att Tyskland är ett hot mot England, men att jag inte sätter likhetstecken mellan Englands intressen och utländska judars.

Efter att jag skrev Insanity Fair översvämmades jag av erbjudanden från amerikanska förlag som ville ge ut min nästa bok. Jag träffade avtal med ett förlag. När jag började skriva Disgrace Abounding visste jag inte att den skulle bli en antisemitisk bok. Den antisemitiska delen är resultatet av mina iakttagelser av judar under det senaste året och min övertygelse att det massiva inflödet av judar till England är ett politiskt misstag och en nationell olycka.

Efter att ha läst Disgrace Abounding avböjde den amerikanske förläggaren att publicera boken med motiveringen att delen om judarna var "förtal och smädelser". Läs den delen själv och se om det stämmer. Själv vägrade jag att låta boken publiceras någonstans utan kapitlen om judarna. Den praktiska innebörden av det beslutet är att i USA kan du "förtala och smäda" Tyskland så mycket du vill, och få betalt för det, men du får inte diskutera det judiska problemet. Du får inte ens göra gällande att det finns ett judiskt problem. Andra amerikanska förläggare tackade nej till boken med hänvisning till att de inte kunde publicera kapitlen om judarna. En av dem, som inte var jude, sade att ett amerikanskt förlag skulle dra olycka över sig om det publicerade boken, eftersom 90 procent av de amerikanska tidningarna ägs av judar och det judiska inflytandet är ungefär lika starkt i alla branscher med anknytning till bokutgivning.

Jag kan inte se någon större skillnad mellan judarnas metoder och Hitlers när det gäller yttrandefrihet och fritt meningsutbyte. Judarna är för frihet att angripa Tyskland, inget annat. Samma sak hände i några av de skandinaviska länderna där Insanity Fair blev en stor framgång och förlagen skrek efter nästa bok[15] – tills de såg kapitlen om judarna. De bad om att få publicera boken utan dem. Jag vägrade. I Frankrike hände till och med samma sak med Insanity Fair. Förläggaren som hade tecknat avtal om att ge ut boken kunde tydligen inte läsa engelska och insåg först när han såg den franska översättningen att den innehöll ett par stycken som han inte tyckte framställde judarna i ett tillräckligt fördelaktigt ljus. Han krävde att de skulle tas bort, jag vägrade och han överlät avtalet till en annan firma.

---

[15] I Sverige gav judiskägda Albert Bonniers Förlag 1938 ut en svensk översättning av Insanity Fair med titeln Vanvettets marknad. Boken recenserades i uppskattande ordalag i likaledes Bonnierägda Dagens Nyheter, där Gustaf Hellström, välkänd utrikeskorrespondent och författare, beskrev den som "fruktansvärd i sin klarläggning av det sista decenniets händelser, skakande i sin omutliga sanningskärlek, patetisk i sitt vanmäktiga varningsrop, ohygglig i det framtidsperspektiv den med profetisk skarpblick framkallar". Någon översättning av Reeds andra bok, Disgrace Abounding, kom emellertid aldrig ut på svenska.

UR EFTERORDET

Så bara i England, än så länge, och möjligen i Frankrike – även om jag ännu inte vet om den här boken kommer att ges ut i Frankrike – kan en icke-jude öppet diskutera de olika aspekterna av den judiska frågan.

Det som är viktigt i detta för er del är att ni inser att det som presenteras för er som "amerikanskt gillande" eller "amerikanskt ogillande" av den ena eller andra brittiska diplomatiska åtgärden inte är den amerikanska opinionen, utan den judiska, och det ställer saken i ett helt nytt ljus. Om ni ska slåss mot Tyskland igen, måste ni göra det för England. Ni får inte låta er hetsas av judar som idag döljer sig bakom den "tyska opinionen", imorgon bakom den "tjeckiska opinionen", dagen därpå bakom den "engelska opinionen" och dagen efter det bakom den "amerikanska opinionen". Om England drabbas av en katastrof under de kommande åren kommer judarna som har anlänt de senaste åren inte att drabbas lika hårt av olyckan; de kommer inte att uppleva den på samma sätt som engelsmännen, de kommer att frodas i oredan och när de känner att magra år nalkas för deras del kommer de att bestämma sig för att ge sig av.

Januari 2017
Reconquista Press
www.reconquistapress.com

www.ingramcontent.com/pod-product-compliance
Lightning Source LLC
Chambersburg PA
CBHW070544300426
44113CB00011B/1790